회복의 은혜

추 천 사

임광상 목사가 룻기 강해서를 발간하게 됨을 축하드립니다.
임광상 목사는 훌륭한 설교가입니다. 설교는 말씀(Text)을 재해석하고 삶(Context)에 적용하여 이 시대에 하나님께서 우리에게 들려주시고자 하는 메시지를 대언하는 작업입니다.

그런 점에서 임광상 목사의 설교는 본문을 충실히 주해하고 말씀의 시대적 배경과 역사성을 토대로 자신의 경험을 적절한 예화로 사용하여 듣는 이가 쉽게 이해하며 설교를 듣는 동안 몰입하게 되는 점이 그렇습니다. 그리고 임 목사의 설교는 재미와 감동이 있습니다.

특히 룻기를 강해하는 데 있어서 룻기가 갖는 구속사적인 의미를 분명히 제시합니다. 비록 이방 여인이었음에도 예수 그리스도의 족보를 이어가는 룻은 하나님의 은총과 구원의 대상이 바로 우리 모두라는 것을 일깨워 주기에 충분합니다.

훌륭한 시어머니로서의 나오미와 어머니의 지시에 순종하는 룻 그리고 상대방을 배려하는 지혜로운 인성의 소유자 보아스가 엮어가는 아름다운 사랑의 이야기로 인종적, 지역적, 신분적, 문화적 장벽이 모두 극복될 수 있다는 것을 말해줍니다.

특히 코로나 블루 상황에 놓여 있는 현실 가운데서 가장 절망적인 상황에 부닥친 한 가정사와 그 주인공을 통해 새로운 돌파구를 열어 주시는 하나님의 놀라운 섭리가 어떻게 작동되며 그 가정이 회복되는가를 본 강해를 통해 깨닫게 하며 우리 모두로 하여금 회복의 소망을 갖게 합니다.

불안과 위기적 상황에 놓여 있는 많은 분에게 큰 위로와 희망을 안겨줄 수 있는 강해집으로 본서를 추천해 드립니다.

순천드림교회 원로목사 임화식

여는 글

　코로나19로 인한 어려움이 생각보다 훨씬 장기화되고 있습니다. 곳곳에서 지치고 힘들어하는 소리가 들려옵니다. 특히 자영업을 하는 성도의 간절한 기도가 가슴에 와 꽂힙니다. 위로의 말 한마디를 조심스레 건네 보지만 애써 태연한 척 괜찮다고 답을 하십니다.

　그래도 붙들고 이야기를 시작하니 깊은 속내가 조금씩 나옵니다. 하루하루가 힘들고 한 주 한 주가 버겁다고 합니다. 사업을 접자니 평생 살아온 길이 이 길이라 다른 길은 감히 엄두도 나지 않고, 그렇다고 잠깐만 쉬자고 생각해도 맥이 끊이지 않을까, 뒤처질까 하는 염려로 쉽지 않다고 합니다.

　더 안타까운 것은 정말 힘들어 어디에다가 하소연이라도 하고 푸념이라도 늘어놓으면 마음이 좀 풀리겠다 싶은데 온 세상 모두가 힘들어하는 것이 보이니 그것도 어렵고 기댈 수도 없으니 답답하다고 합니다. 생각 같아서는 이 코로나19의 재난이 없는 곳이 있다면 그곳이 어디라도 가서 피하고 싶은데 도망가고 피할 곳도 없다고 합니다. 그래서 정말 이 어려운 시기를 어떻게 살아가야 하는지 매일같이 하나님께 묻는다고 합니다.

비단 자영업을 하는 분들이나 소상공인들만의 문제일까요? 교회도 어려움을 겪고 있습니다. 우리나라에서 교회는 코로나19의 확산지로 낙인이 찍혀있습니다. 그래서 조금만 상황이 안 좋아지면 제일 먼저 예배 중지가 이뤄지고 교회는 온라인 예배로 전환합니다.

이제는 목회자가 예배 유튜버가 되어서 매주 영상 올리는 것이 자연스러워졌습니다. 그나마 이런 영상 예배도 어려운 교회는 더욱 힘들 것입니다. 참 어렵습니다. 온라인으로 예배는 드리지만, 성도의 교제가 없으니 생동감이 떨어지고 교회의 활력이 줄었습니다. 교회도 어떻게 이 위기를 극복해야 할지 하나님의 은혜를 구합니다.

어떻게 해야 이 어려운 시대를 살면서 무너지지 않고 견뎌

낼 수 있을까? 지금 세대에서는 한 번도 경험해 보지 못한 일이라 많은 예측은 하지만 그 누구도 확신을 가지고 말하지는 못하고 있습니다.

부활절을 앞두고 이 사망과도 같은 일들이 끝나고 새 생명의 이야기가 들려왔으면 좋겠다는 희망으로 말씀을 읽던 중 룻기를 통해 큰 은혜가 임했습니다. 이전 우리 믿음의 선배들도 재해 앞에 흔들리고 무너진 적이 있었습니다. 즉, 예나 지금이나 사람이 살아가는 세상에는 늘 이러저러한 어려움이 있다는 것입니다. 그럴 때 어떻게 견뎌왔는지를 배울 수 있다면 위로와 소망이 되리라는 생각에 룻기 강해를 시작하였습니다. 재난을 피할 수 있으리라 생각했지만, 피하지 못한 가정이 결국은 하나님의 은혜 가운데 회복되었음을 볼 수 있었습니다.

바라기는 하나님의 말씀을 통해 위로와 힘을 얻고 회복시키시는 하나님의 은혜가 지금도 힘들게 버티고 있는 성도들의 삶의 현장에 임하기를 소망합니다. 또한, 교회가 회복되어 다시 마음껏 예배하고 찬송하며 성도의 교제가 이뤄지기를 간절히 기도합니다.

무엇보다 부족한 글을 책으로 낼 수 있도록 은혜와 용기를 주신 하나님께 감사를 드립니다. 특히 군목으로 지내는 27년여 동안 함께 전후방 군부대를 다니며 목회자의 아내로 따뜻한 위로와 사랑으로 응원해 주고 기도해 준 고숙희 사모에게 감사를 전하며, 잘 성장해 준 성령, 다은이, 그리고 며느리가 되어준 정원이도 큰 힘이 되었습니다.

또한, 아낌없이 격려해 주신 임화식 원로목사님과 사랑하는 순천 드림교회 성도들의 기도에도 감사드립니다. 그리고 늘 기도해 주시는 정학자 권사님, 형을 위해 물심양면으로 후원해 준 믿음의 기업 보아스린의 대표 사랑하는 동생 성훈과 성열 가정에도 주님의 축복이 함께 하기를 기도합니다. 끝으로 이 글을 책으로 엮어 준 친구 따스한 이야기 출판사 대표 김현태 목사에게도 감사를 드립니다.

사랑이 풍성하신 하나님의 회복의 은혜가 이 땅에 충만하기를 간구합니다.

순천에서 임광상 목사

목차

추천사 . 002
순천드림교회 원로목사 임화식

여는 글 . 004

어찌 살라고 하십니까? . 011

회복을 위한 한 걸음 . 037

하나님의 회복 시나리오 . 055

정결 - 회복의 은혜를 위하여 . 073

너를 복되게 하리라 . 089

룻을 향한 보아스의 열심 . 105

복을 받은 룻과 보아스 . 123

회복의 은혜 . 139

임광상 지음

룻기 강해
회복의 은혜

어찌살라고 하십니까?

룻기 강해
회복의 은혜

예수님의 치유가 필요한 사람들이 있습니다.
예수님이 약속하신 풍성함을 얻어야 할 사람들이 있습니다.
바로 병든 자입니다.
영혼이 병든 자, 육신이 병든 자, 삶이 병든 자,
사는 게 병든 자입니다.
그렇다면 우리 모두는 예수님의 도움이
반드시 필요한 사람들입니다.

어찌 살라고 하십니까?

사사들이 치리하던 때에 그 땅에 흉년이 드니라 유다 베들레헴에 한 사람이 그의 아내와 두 아들을 데리고 모압 지방에 가서 거류하였는데 그 사람의 이름은 엘리멜렉이요 그의 아내의 이름은 나오미요 그의 두 아들의 이름은 말론과 기룐이니 유다 베들레헴 에브랏 사람들이더라 그들이 모압 지방에 들어가서 거기 살더니 나오미의 남편 엘리멜렉이 죽고 나오미와 그의 두 아들이 남았으며 그들은 모압 여자 중에서 그들의 아내를 맞이하였는데 하나의 이름은 오르바요 하나의 이름은 룻이더라 그들이 거기에 거주한 지 십 년쯤에 말론과 기룐 두 사람이 다 죽고 그 여인은 두 아들과 남편의 뒤에 남았더라 그 여인이 모압 지방에서 여호와께서 자기 백성을 돌보시사 그들에게 양식을 주셨다 함을 듣고 이에 두 며느리와 함께 일어나 모압 지방에서 돌아오려 하여 있던 곳에서 나오고 두 며느리도 그와 함께 하여 유다 땅으로 돌아오려고 길을 가다가 나오미가 두 며느리에게 이르되 너희는 각기 너희 어머니의 집으로 돌아가라 너희가 죽은 자들과 나를 선대한 것 같이 여호와께서 너희를 선대하시기를 원하며 여호와께서 너희에게 허락하사 각기 남편의 집에서 위로를 받게 하시기를 원하노라 하고 그들에게 입 맞추매 그들이 소리를 높여 울며 나오미에게 이르되 아니니이다 우리는 어머니와 함께 어머니의 백성에게로 돌아가겠나이다 하는지라 나오미가 이르되 내 딸들아 돌아가라 너희가 어찌 나와 함께 가려느냐 내 태중에 너희의 남편 될 아들들이 아직 있느냐 내 딸들아 되돌아 가라 나는 늙었으니 남편을 두지 못할지라 가령 내가 소망이 있다고 말한다든지 오늘 밤에 남편을 두어 아들들을 낳는다 하더라도 너희가 어찌 그들이 자라기를 기다리겠으며 어찌 남편 없이 지내겠다고 결심하겠느냐 내 딸들아 그렇지 아니하니라 여호와의 손이 나를 치셨으므로 나는 너희로 말미암아 더욱 마음이 아프도다 하매 그들이 소리를 높여 다시 울더니 오르바는 그의 시어머니에게 입 맞추되 룻은 그를 붙좇았더라   (룻기 1:1-14)

세계적인 브레인 코치로 유명한 짐퀵이 쓴 〈마지막 몰입-나를 넘어서는 힘〉에 보면 이렇게 말합니다.

지금 우리가 처한 상황, 그리고 그 가운데 우리가 생각하고 받아들인 신념, 그래서 그 신념을 바탕으로 우리가 가는 길이 곧 "현재의 우리이자 앞으로의 우리"라고 말합니다. 그러므로 우리는 어디로 가야 할지 잘 결정한다면 우리의 미래는 달라질 수 있다는 것입니다.

그런데 그런 발걸음을 내디딜 때는 지도, 즉 성공의 모델을 손에 넣는 것이 핵심이라는 것입니다. 이것은 마치 전투에 임하는 군인이 가지는 무기와 같아서 좋은 롤 모델을 세울 수 있다면 극복하지 못할 시련이나 무찌르지 못할 것이 없다는 것입니다.

우리는 지금 어려운 시절을 살고 있습니다. 백신 접종이 시작되고 사회적 거리두기를 하고 있지만, 생각처럼 코로나19의 진정이 쉽지 않습니다. 심지어 제4차 대 유행을 예고합니다. 지금까지 버텨 온 것도 힘들었는데 앞으로 얼마나 더 버텨내야 할지 모르겠습니다. 코로나가 일상이 되어 버린다면 우리는 어떻게 살아갈 수 있을까요? 지금도 우리의 삶은 하루하루가 힘든 가운데 있습니다. 우리는 이 길고 긴 어려움을 어떻게 이겨내야 할까요?

그런 의미에서 룻기를 읽으며 힘들고 어려운 시대를 견뎌낸 사람들에게서 지혜를 얻을 수 있기를 바랍니다. 짐 퀵의 말처럼 룻기는 우리가 삼을 수 있는 좋은 모델이라고 생각합니다.

"사사들이 치리하던 때에 그 땅에 흉년이 드니라 유다 베들레헴에 한 사람이 그의 아내와 두 아들을 데리고 모압 지방에 가서 거류하였는데"(룻 1:1).

우리 예수님은 이 땅에 오신 목적에 대해 분명하게 말씀하셨습니다.

"도둑이 오는 것은 도둑질하고 죽이고 멸망시키려는 것뿐이요 내가 온 것은 양으로 생명을 얻게 하고 더 풍성히 얻게 하려는 것이라"(요 10:10).

"예수께서 들으시고 그들에게 이르시되 건강한 자에게는 의사가 쓸 데 없고 병든 자에게라야 쓸 데 있느니라 나는 의인을 부르러 온 것이 아니요 죄인을 부르러 왔노라 하시니라"(막 2:17).

예수님의 치유가 필요한 사람들이 있습니다. 예수님이 약속하신 풍성함을 얻어야 할 사람들이 있습니다. 바로 병든 자입니다. 영혼이 병든 자, 육신이 병든 자, 삶이 병든 자, 사는 게 병든 자입니다. 그렇다면 우리 모두는 예수님의 도움이 반드시 필요한 사람들입니다. 특히 코로나19로 인해 어렵게 살아가는 우리가 바로 예수님의 도움이 필요한 사람들입니다.

룻기의 배경도 이렇게 시작합니다. "그 땅에 흉년이 드니라."

간혹 성경 말씀을 읽고 들으며 나와 상관없는 일이라고 느껴질 때가 있을 수 있습니다. 이스라엘 백성들이 겪는 노예생활과 그걸 벗어나려고 울부짖는 것이 이해하기 쉽지 않을 수 있습니다. 하지만 모습은 다르지만, 우리도 매여 있는 일이 참 많습니다.

먹고 살자니 눈물을 머금고 살아가는 삶의 자리가 있습니다. 생각 같아서는 당장 그만두고 싶어도 그만둘 수가 없는 삶의 자리가 있습니다. 출근길이 너무도 멀게만 느껴집니다. 사무실의 문을 열고 들어가기가 쉽지 않습니다. 마주쳐야 하는 사람들의 눈빛이 부담스럽고 주어지는 업무가 너무도 힘겹습니다. 온종일 가게에 앉아 손님을 기다리지만 찾아오는 사람이 없습니다. 문을 닫을 수도 없고, 열고 있자니 손해만 쌓여갑니다. 지금 하는 일 말고는 딱히 할 줄 아는 것도 없어서 그만둘 수가 없습니다.

노예생활과 모습은 다르지만, 우리는 노예처럼 삶에 매여 있습니다. 이스라엘 백성들의 노예 생활이 충분히 공감이 가는 일입니다.

본문 말씀의 배경은 사사들이 다스리던 시기입니다. 즉 이 이야기는 어떤 소설 같은 가상의 상황이 아니며 막연한 옛날이야기도 아니라 우리의 선배들이 살던 그때, 즉 사람들이 살아가는 자리에서 일어난 일이라는 것입니다.

그 땅에 흉년이 들었습니다. 흉년이라는 말은 농사지을 때, 목축업을 할 때 만날 수 있는 가장 큰 재난입니다. 산업시대는 경제 불황이 그런 때입니다. IMF 구제 금융을 받아야 하고, 실직 사태가 벌어지는 그런 상황입니다. 작은 개인이 감당하기에는 너무도 큰 재앙입니다.

룻기에 나타난 흉년이라는 상황 역시 단순히 비가 오지 않아서 문제가 되는 것이 아니라 먹고 사는 문제가 발생했다는 것입니다. 쌀이 떨어졌습니다. 보일러에 기름이 떨어지고, 전기가 끊어지고 가스 공급이 막혔다는 이야기입니다. 얼마나 막막한 일입니까?

제가 고등학교 다니던 때입니다. 부모님의 사업 실패로 정말 어려웠습니다. 1년 동안을 부모님은 일자리도 없어서 무척 힘

드셨습니다. 그때 하루하루 쌀을 사다가 먹은 기억이 있습니다. 조그마한 봉투에 쌀을 담아서 사 왔던 기억이 있습니다. 보일러의 기름이 바닥에 가까웠을 때는 정말 따뜻한 물 틀어놓고 세수하기도 힘들었습니다.

또다시 그런 일이 발생한다면 과연 어떻게 살아갈 수 있을까 막막합니다. 그렇게 힘든 일이 벌어진 것이 바로 흉년이라는 것입니다.

특히 흉년은 사람의 힘으로 되는 것이 아닙니다. 자연재해입니다. 하늘의 뜻입니다. 그렇다면 이일은 누구도 피할 수 없는 재난이라는 것입니다. 그럼 어떻게 살아가야 할까요?

그런데 본문 말씀은 이 재난이 왜 나타났는지 알 수 있는 힌트를 주고 있습니다.

1절의 말씀을 다시 살펴보면 "사사들이 치리하던 때에"라는 말을 통해서 '그 땅에', 즉 약속의 땅에 왜 흉년이 들게 되었는지 짐작할 수 있습니다.

룻기의 앞에 있는 사사기 마지막 말씀을 봅니다.

"그때에 이스라엘에 왕이 없으므로 사람이 각기 자기의 소견에 옳은 대로 행하였더라"(삿 21:25).

즉 사사 시대의 사람들은 하나님의 기준이 아니라 자기들이 각자 옳다고 생각하는 대로 살았습니다.

하나님의 은혜로 가나안 땅에 정착한 이스라엘 백성들은 삶이 편안해지고 안정이 되자 하나님의 법을 무시하기 시작했고 하나님과 맺은 언약을 잊어버렸습니다. 지도자인 사사들의 말이 들어 먹히지 않았고 불법이 난무하는 어두운 시대가 되고 말았습니다. 바로 그때에 흉년이 왔다는 것입니다.

그렇다면 이스라엘 백성들에게 임한 흉년은 무엇을 의미하는 것일까요?

모든 재난이 하나님의 징계라고 무조건 받아들이는 것은 위험합니다. 하지만 본문 말씀은 이 흉년이 하나님과 분명히 관계가 있음을 말하고 있는 것입니다.

"그 여인이 모압 지방에서 여호와께서 자기 백성을 돌보시사 그들에게 양식을 주셨다 함을 듣고 이에 두 며느리와 함께 일어나 모압 지방에서 돌아오려 하여"(룻 1:6).

사사들의 때 자기 멋대로 사는 사람들에게 찾아온 흉년, 그리고 이제 하나님께서 다시 먹을 것을 주셨다는 곳을 볼 때 이 흉년은 하나님과 관계가 있다는 것입니다.

하나님은 하나님의 자녀들이 불순종할 때 여러 가지 방법으로 징계하십니다. 말씀으로, 질병으로, 전쟁으로, 경제적 압박으로, 자연재해 등을 통해서 징계하십니다. 하지만 하나님의 생각은 분명하십니다.

"여호와의 말씀이니라 너희를 향한 나의 생각을 내가 아나니 평안이요 재앙이 아니니라 너희에게 미래와 희망을 주는 것이니라"(렘 29:11).

징계의 목적은 하나님께로 돌아오라는 것입니다. 그러면 하나님은 다시 평안을 찾게 하시며 더 나은 미래와 희망을 보게 하시는 것입니다. 그렇다면 사사들의 때에 주시는 흉년의 징계는 '너희 멋대로 살지 말고 하나님께로 돌아오라'라는 하나님의 경고의 음성이었습니다.

그러나 우리는 견딜 만할 때는 하나님의 음성을 듣지 못합니다. 여전히 우리가 가진 것, 세상의 것들이 좋아서 거기에 온통 관심을 두느라 하나님의 음성에 민감하지 못합니다. 결국, 하나님은 더 큰 고통을 통해서 우리의 관심을 이끌어내십니다.

C.S 루이스는 [고통의 문제]라는 책에서 "사람들에게는 무서운 일이 일어나기 전에는 하나님께 귀를 기울이지 않는 습성들이 남아 있다. 그러므로 고통이란 귀머거리에게 알아듣도록 하는 하나님의 확성기다"라는 말을 했습니다.

그러므로 우리는 생각해야 할 것이 있습니다. 고통이 오면 고통의 문제를 풀기 위하여, 또한 좋을 때는 이 축복을 잘 유지하기 위하여 하나님과의 관계를 돌아보아야 하는 것입니다.

엘리멜렉이 살던 땅은 하나님의 약속의 땅입니다. 일찍이 조상 아브라함을 통해 약속하셨고, 모세와 여호수아를 통해 차지하게 하신 젖과 꿀이 흐르는 약속의 땅입니다. 그런데 이 땅에 살면서 문제가 나타난 것입니다. 그것은 바로 하나님과의 문제였습니다. 하나님의 말씀이 기준이 아니라 자기 마음대로 살아가는 땅이 되어 버린 것입니다. 하나님과의 관계에 문제가 생기고 나니 축복의 약속이 있음에도 그 땅에 어려움이 왔다는 것입니다.

약속의 땅에 살아도 언약을 지키지 못하면 어려움을 당하게 되는 것입니다. 따라서 약속의 땅에서 복을 누리느냐, 못 누리느냐는 그 땅에서 살아가는 사람들에게 달린 것입니다.

우리가 처한 코로나19로 인한 어려운 상황 속에서 우리의 신앙을 돌아보았으면 합니다. 작게는 개인의 신앙이요, 교회의 문제요, 온 세상이 하나님 앞에 어떻게 살고 있는지 돌아볼 때라는 것입니다.

룻기에 닥친 흉년과 풍년은 하나님의 손에 달려 있었습니다. 하나님과의 언약에 합당한 삶이 없으니 약속의 땅에도 흉년이 온 것입니다. 우리는 이 사실을 기억하고 어려울 때일수록 자신을 돌아보고 하나님 앞에 합당한 삶을 살아야 하는 것입니다.

"그 사람의 이름은 엘리멜렉이요 그의 아내의 이름은 나오미요 그의 두 아들의 이름은 말론과 기룐이니 유다 베들레헴 에브랏 사람들이더라 그들이 모압 지방에 들어가서 거기 살더니"(룻 1:2).

엘리멜렉이라는 사람이 등장하고 있습니다. 그 사람은 베들레헴의 에브랏 사람입니다. 베들레헴은 빵집이라는 의미입니다. 그 가운데서도 에브랏 사람이라는 말입니다. 에브랏은 '곡물의 땅'이라는 의미로 곡창지대라는 말입니다. 다른 지역보다도 먹고 사는데 부족함이 없는 지역에 사는 사람이 이방 땅인 모압으로 아내와 두 아들을 데리고 가서 살았다는 것입니다.

모압 땅이 이방인의 땅인 줄 알면서도 그리로 이주한 이유는 그 땅에는 재난이 없다는 것입니다. 그러므로 비록 이방인의 땅이었지만 거기에 가면 큰 어려움 없이 살 수 있으리라 생각하고 간 것입니다.

그런데 성경을 보면 그 많은 사람 중의 한 사람 엘리멜렉이 그리로 이주했다고 기록하고 있습니다. 이것을 볼 때 엘레멜렉은 누구보다도 세상 돌아가는 소식을 잘 안 것 같습니다. 그래서 결정합니다. 아직 많은 사람이 가지 않았지만 한 사람, 엘리멜렉 가정이 그리로 가서 살아보고자 옮겨 간 것입니다.

또한, 그에게는 지켜야 할 재산이 많이 있었던 것으로 보입니다. 그가 죽은 뒤에도 두 아들이 그 땅에 남아서 장가도 가고 살아가는 것을 보면 재산에 여유가 있었던 것으로 보입니다.

누구보다도 세상 돌아가는 이치에 밝은 사람이며 어디 가서 살아도 먹고 사는 데 어려움이 없을 만큼의 재산을 가진 가장으로서 처자식을 데리고 살아보고자 이주한 엘리멜렉에 대해 나쁘다고만 평가할 수 없을 것입니다. 오히려 능력 있는 사람이요, 판단력이 빠른 사람이라고 말할 수 있습니다.

또한, 엘리멜렉은 가정을 위해 헌신한 사람으로 보입니다. 그 이유는 3절을 보면 그가 죽었을 때 그의 아내 나오미나 두 아들이 아버지에 대해 특별히 불평하는 모습이 나오지 않기 때문입니다. 만일 엘리멜렉의 독단적인 결정으로 고향을 떠나 모압 땅에 왔다면 남은 가족들이 다시 고향으로 돌아올 법도 하기 때문입니다. 그러나 아버지 엘리멜렉이 죽고 나서도 나머지 식구들이 그곳에서 정착하고 살려고 한 것을 보면 엘레멜렉의 판단이 나쁘지 않았다는 말입니다.

그런데 성경은 엘레멜렉의 출신지를 자세하게 기록하고 있습니다. 즉 이유가 있다는 이야기입니다. 엘리멜렉의 고향은 베들레헴이라는 것입니다. 베들레헴이 어떤 곳인가요?

"베들레헴 에브라다야 너는 유다 족속 중에 작을지라도 이스라엘을 다스릴 자가 네게서 내게로 나올 것이라 그의 근본은 상고에, 영원에 있느니라"(미 5:2).

베들레헴은 하나님께서 특별히 택하시고 이스라엘의 구원자가 나올 지역이라는 것입니다. 그만큼 신앙적으로 중요한 지역입니다. 우리는 지역의 문화를 무시할 수가 없습니다. 그래서 고향을 떠나서 타향에서 살아간다고 할 때 적응이 필요하다고 말하는 것입니다.

그렇다면 베들레헴 출신인 엘리멜렉은 신앙적인 측면에서 충분히 생각해야 했습니다. 그러나 엘리멜렉은 하나님의 약속을 생각하지 않고 자기 멋대로 옮겼음을 말하고 있는 것입니다. 인간적으로는 충분히 이해할 수 있습니다. 하지만 신실하신 하나님을 생각하면 엘레멜렉은 조금 더 기다려야 했습니다. 하나님의 뜻을 구해야 했습니다.

창세기 26장을 보면 이삭 때에도 가나안 땅에 흉년이 들었습니다. 이때 이삭도 애굽으로 내려가려고 했습니다. 그때 하나님께서는 이삭에게 말씀하십니다.

"여호와께서 이삭에게 나타나 이르시되 애굽으로 내려가지 말고 내가 네게 지시하는 땅에 거주하라"(창 26:2)

이삭은 하나님의 명령에 순종합니다. 그러자 어떤 일이 일어났습니까?

"이삭이 그 땅에서 농사하여 그 해에 백 배나 얻었고 여호와께서 복을 주시므로 그 사람이 창대하고 왕성하여 마침내 거부가 되어"(창 26:12~13).

그 어려운 흉년의 때에 하나님께서 이삭에게 100배의 결실을 얻게 하셨습니다. 그래서 이삭이 거부가 되었다고 말씀하고 있습니다. 흉년이 든 때에 농사하여 백배나 얻었다는 것은 기적입니다. 또한, 그 많은 사람 중에 이삭에게만 이런 일이 벌어졌다고 하는 것은 하나님의 특별하신 배려가 아니고서는 설명이 어려운 일입니다.

이것이 하나님의 방법입니다. 신실하신 하나님은 하나님의 자녀를 절대 잊지 않으십니다. 반드시 때를 따라 도우신다는 것이 성경의 약속입니다. 위기 속에서 오히려 그 자녀를 빛나게 세우시는 하나님이십니다.

그러므로 우리가 생각할 것은 우리가 나아가야 할 길을 선택함에 있어서 신중해야 한다는 것입니다. 엘레멜렉은 누구보다 능력 있는 사람이라고 말할 수 있습니다. 그래서 앞서서 판단을 했습니다. 그리고 옮겼습니다. 그런데 그가 베들레헴 출신임을 기록한 목적은 사사들의 때에 모두 자기 멋대로 살던 것처럼 엘리멜렉도 자기 생각으로, 자기 뜻대로 모압 땅으로 옮겼음을 말하는 것입니다.

앞에서 나눈 짐퀵의 이야기에 다시 한번 고개가 끄떡거려집니다. 우리가 나아가는 길이 미래의 우리의 모습이라는 것입니다. 그렇다면 우리는 잘 선택하고 나아가야 합니다. 분명한 선택의 기준이 있어야 합니다. 엘레멜렉은 자기 삶의 길을 정하는 데 있어서 재난의 유무가 기준이었습니다. 누구보다 앞선 정보력을 가지고 판단했습니다. 모두 그렇게 살아가니 자기도 그렇게 산 것입니다. 하지만 이것이 그에게는 너무도 안타까운 일이 되고 만 것입니다.

우리는 종종 조급해질 수 있습니다. 상황이 어렵기 때문에 마음이 더욱 급해집니다. 조금이라도 시간이 늦어지면 뒤처질 것 같은 생각에 염려가 깊어지고 고민이 많습니다.

그렇기에 성도는 어려울 때 더욱 기도해야 하는 것입니다. 흉년에도 이삭에게 백배의 결실을 주신 하나님께, 나는 어찌 살아야 하는지 하나님께 물어야 하는 것입니다. 하나님의 뜻을 구해야 합니다. 하나님의 인도하시는 음성을 구하는 것입니다. 사람이 살고 죽은 것은 하나님에게 달려 있습니다. 하나님 앞에 무릎 꿇고 구할 수 있기를 소망합니다.

"그 여인이 모압 지방에서 여호와께서 자기 백성을 돌보시사 그들에게 양식을 주셨다 함을 듣고 이에 두 며느리와 함께 일어나 모압 지방에서 돌아오려 하여"(룻 1:6).

그런데 뜻하지 않은 일들이 벌어집니다. 엘레멜렉이 모압에 가서 죽습니다. 어떻게 죽었는지는 기록하지 않았습니다. 더 안타까운 것은 남은 두 아들도 그곳에서 살아보려고 이방 여인을 맞아 결혼까지 했지만 죽고 말았습니다.

이곳으로 올 때는 재난이 없는 것을 보고 왔습니다. 나름 이런저런 판단을 하고 왔기에 이곳에서는 어려움 없이 더 잘 살 줄 알았습니다. 그런데 그 땅에 거주한 지 10년쯤 지났을 때 그 집안에 남은 것은 눈물뿐이었습니다. 남편을 잃고 연이어 두 아들마저 잃은 슬픔의 눈물만이 남아있는 모습입니다.

이제 남은 것은 나오미와 이방 땅에서 얻은 두 며느리입니다. 이 정도 되니 나오미가 그 땅에 살고자 하는 마음이 없어졌을 것입니다. 그렇지만 다시 고향으로 돌아온다는 것이 쉬운 일이 아닙니다. 하지만 6절을 보니 하나님께서 자기 백성을 돌보신다는 이야기를 들은 것입니다. 하나님의 돌보신다는 소식에 용기를 냅니다.

아마 그때 나오미가 느낀 것이 있었을 것입니다. '아, 나는 하나님의 자녀였구나!'라는 것입니다. 그래서 돌아가고자 했습니다.

7절을 보면 '돌아오려고'라는 단어가 나옵니다. 이 단어에는 장소 이동의 의미도 있지만, 회개의 의미가 있습니다. 그래서 학자들은 나오미가 돌이켜 회개했다고 보기도 하는 것입니다. 어찌 되었든 나오미는 돌아오고자 합니다.

이게 결단입니다. 돌이키고 싶지만 죽기만큼 싫을 수가 있습니다. 10년 만에 남편을 잃어버리고 두 아들마저 떠나 보낸 후에 돌아온다는 것이 정말 힘들 수 있습니다.

예전에 군에 있을 때 집사님 한 분이 명절에 고향 가는 일이 참 힘들다고 하셨습니다. 사람들이 사관학교 나와서 군에 가면 다 장군 되는 줄로 안다는 것입니다. 그런데 그분은 대령까지 진급하셨습니다. 대령도 무척 높은 계급입니다. 누구나 하는 것이 아닙니다. 하지만 고향에서 워낙 기대치가 높으니 고향 가는 일이 쉽지 않다는 것입니다.

저희 부모님도 사업 실패해서 고향을 떠나신 후 돌아가실 때까지 다시 가신 적이 없으신 것으로 알고 있습니다. 그만큼 금의환향하고 싶은 것이 모두의 마음일 것입니다. 동네에 현수막 붙이고 돌아가고 싶은 것이 모두의 마음입니다. 반대로 일이 뜻대로 되지 않았을 때 원래의 자리로 돌아가서 다시 시작한다고 하는 것은 정말 어려운 일입니다.

하지만 나오미는 하나님을 생각합니다. 그리고 돌아가고자 하는 것입니다. 돌아가야 살 수 있다는 것입니다. 또한, 죽어도 하나님 품 안에서 죽기를 바라는 것입니다. 이것이 결단입니다. 집 떠났던 탕자가 아들로서 회복된 것도 이런 결단 때문입니다. 하나님은 돌아오는 자를 맞아 주십니다. 회복시켜 주십니다.

그동안 우리의 삶이 무조건 잘못했다는 것이 아닙니다. 하지만 돌이켜야 할 것이 있다면 돌이킬 때 회복의 은혜가 있을 것입니다.

내 마음대로, 내 멋대로 산 것은 없는지 돌아봅시다. 하나님을 벗어나면 아무리 살려고 이리저리 옮겨도 살 수가 없습니다. 하지만 돌이키는 순간 다시 기회가 생기는 것입니다.

힘들고 어려울 때 어떻게 살 수 있을까요? 하나님의 품이 우리가 있어야 할 자리입니다. 돌아가야 할 자리입니다. 하나님을 향해 가는 것이 우리가 살아갈 방법입니다. 하나님의 회복의 은혜가 함께 하시기를 축복합니다.

롯기 강해
회복의 은혜

회복을 위한 한 걸음

룻기 강해
회복의 은혜

"룻이 이르되 내게 어머니를 떠나며
어머니를 따르지 말고 돌아가라 강권하지 마옵소서
어머니께서 가시는 곳에 나도 가고
어머니께서 머무시는 곳에서 나도 머물겠나이다
어머니의 백성이 나의 백성이 되고
어머니의 하나님이 나의 하나님이 되시리니"(룻 1:16).

회복을 위한
한 걸음

　나오미가 또 이르되 보라 네 동서는 그의 백성과 그의 신들에게로 돌아가나니 너도 너의 동서를 따라 돌아가라 하니 룻이 이르되 내게 어머니를 떠나며 어머니를 따르지 말고 돌아가라 강권하지 마옵소서 어머니께서 가시는 곳에 나도 가고 어머니께서 머무시는 곳에서 나도 머물겠나이다 어머니의 백성이 나의 백성이 되고 어머니의 하나님이 나의 하나님이 되시리니 어머니께서 죽으시는 곳에서 나도 죽어 거기 묻힐 것이라 만일 내가 죽는 일 외에 어머니를 떠나면 여호와께서 내게 벌을 내리시고 더 내리시기를 원하나이다 하는지라 나오미가 룻이 자기와 함께 가기로 굳게 결심함을 보고 그에게 말하기를 그치니라 이에 그 두 사람이 베들레헴까지 갔더라 베들레헴에 이를 때에 온 성읍이 그들로 말미암아 떠들며 이르기를 이이가 나오미냐 하는지라 나오미가 그들에게 이르되 나를 나오미라 부르지 말고 나를 마라라 부르라 이는 전능자가 나를 심히 괴롭게 하셨음이니라 내가 풍족하게 나갔더니 여호와께서 내게 비어 돌아오게 하셨느니라 여호와께서 나를 징벌하셨고 전능자가 나를 괴롭게 하셨거늘 너희가 어찌 나를 나오미라 부르느냐 하니라 나오미가 모압 지방에서 그의 며느리 모압 여인 룻과 함께 돌아왔는데 그들이 보리 추수 시작할 때에 베들레헴에 이르렀더라　　(룻기 1:15-22)

나비효과라는 말이 있습니다. 미국의 기상학자 로렌조가 사용한 용어로, 어느 작은 곳에 있는 나비 한 마리의 날개짓이 거대한 도시 뉴욕에 태풍을 일으킬 수 있다는 이론입니다.

룻기는 계획한 뜻대로 이뤄지지 않음으로 실패한 한 가정의 이야기입니다. 큰 뜻을 품고 먼 길을 떠났지만, 너무도 비참한 모습으로 돌아오는 이야기입니다. 하지만 한 가정의 이야기가 큰 태풍이 되어 이 땅에 구원의 역사를 이루는 예수 그리스도의 계보를 잇게 되는 것입니다.

지난 10년 엘리멜렉 가정에는 많은 변화가 있었습니다. 먼저 흉년을 피해 살아 보고자 고향을 떠나온 일입니다. 고향을 떠나는 것 자체가 힘든 일입니다. 하나님께서 아브라함을 부르실 때 제일 먼저 겪어내야 할 힘든 결단이 바로 고향 친척 집을 떠나는 것입니다.

군목으로 있을 때 논산훈련소에 장병들이 입대하면 첫 한 주간 종교 활동을 지원하는 목회를 했습니다. 군대도 사람 사는 곳이 분명하지만, 가족의 품을 떠나 군대라는 낯선 울타리에 들어선 장병들은 무척 불안해합니다. 어떤 장병은 참 많이 울기도 합니다. 심지어 정신적 이상을 보이는 장병들도 있었습니다.

또 어떤 장병은 얼마나 긴장했는지 침낭에 오줌을 싼 일도 있었습니다. 낯선 곳에서 어떤 일이 벌어질지 모르기 때문에 불안해하는 것은 당연한 일입니다. 그래서 아브라함이 갈 길을 모르는 상태에서도 하나님의 부르심을 듣고 고향 친척 집을 떠난 것을 높게 평가하는 것입니다.

더더욱 안타까운 것은 잘살아보려고 도착한 모압 땅에서 10년 만에 집안에 슬픔만이 남은 것입니다. 그동안 가장인 엘리멜렉이 죽고 가업을 이어나갈 두 아들마저 죽고 만 것입니다. 10년 만에 꿈을 안고 모압 땅으로 온 가정이 몰락의 위기에 놓인 것입니다.

그리고 남은 것은 늙어 버린 엘리멜렉의 아내 나오미와 이방 땅에서 얻은 이방 여인인 두 며느리뿐입니다. 그 두 며느리가 오르바와 룻입니다.

우리는 두 며느리에 대해 잠깐 생각해보고자 합니다. 먼저 우리는 모압 족속으로 돌아간 오르바에 대해 부정적으로 생각할 수 있습니다. 하지만 잘 읽어 보면 오르바도 상당히 괜찮은 며느리였음을 알 수가 있습니다.

나오미는 고향인 베들레헴, 하나님의 땅이 하나님의 은혜로 먹고 살아가는 데 문제가 없는 상태로 회복되었음을 듣게 됩니다. 이에 나오미는 고향 베들레헴으로 돌아가고자 합니다. 그래서 두 며느리에게 친정으로 가라고 권합니다. 며느리들을 떼어 놓고자 하는 이유는 더 이상 나오미의 집안에 그녀들과 맺어 줄 자식이 없기 때문입니다. 또한, 나오미 자신도 늙어서 자녀를 낳을 희망이 없으니 고향으로 돌아가서 새로운 삶을 살라고 하는 것입니다.

그런데 두 며느리가 눈물로 호소하며 시어머니인 나오미를 따르겠다고 나섭니다.

"나오미에게 이르되 아니니이다 우리는 어머니와 함께 어머니의 백성에게로 돌아가겠나이다 하는지라"(룻 1:10).

얼마나 아름다운 모습인지 모릅니다. 시어머니는 며느리를 생각하고, 며느리는 시어머니를 생각하는 것입니다. 이때 두 며느리의 의지가 얼마나 간곡한지 시어머니인 나오미가 그들을 떼어 놓으려고 구구절절이 상황을 설명한 것입니다. 희망이 없는 가정에서 남은 인생을 홀로 살아가야 할 상황입니다. 또한, 이제는 어머니인 나오미의 고향이자 며느리들에게는 이방 땅인 베들레헴에서 살아야 합니다. 그런데도 나오미의 설명이 이렇게 긴 것은 그만큼 며느리들의 의지가 강했음을 말하는 것입니다.

결국, 오르바가 눈물로 이별을 선택합니다. 14절을 보면 눈물의 이별 장면을 잘 묘사합니다.

"그들이 소리를 높여 다시 울더니 오르바는 그의 시어머니에게 입 맞추되 룻은 그를 붙좇았더라"(룻 1:14).

이런 오르바를 쉽게 나쁘다고 평가할 수 없습니다. 며느리로서 할 만큼 했습니다. 오르바도 훌륭한 며느리입니다.

이제 룻의 이야기입니다. 룻과 오르바의 차이가 소위 한 끗 차이입니다. 오르바도 충분히 할 만큼 했지만 룻은 조금 더 했다는 것입니다.

"룻은 어머니를 붙좇았더라…"

이 말은 찰싹 달라붙었다는 말입니다. 끝까지 달라붙었다는 의미입니다. 이제 룻이 오르바와 한 끗 차이처럼 보이지만 너무도 다른 멋진 신앙 고백과 소박한 소망을 들어 보겠습니다.

"룻이 이르되 내게 어머니를 떠나며 어머니를 따르지 말고 돌아가라 강권하지 마옵소서 어머니께서 가시는 곳에 나도 가고 어머니께서 머무시는 곳에서 나도 머물겠나이다 어머니의 백성이 나의 백성이 되고 어머니의 하나님이 나의 하나님이 되시리니"(룻 1:16).

보고 또 보아도 참 은혜가 됩니다.

"어머니께서 죽으시는 곳에서 나도 죽어 거기 묻힐 것이라 만일 내가 죽는 일 외에 어머니를 떠나면 여호와께서 내게 벌을 내리시고 더 내리시기를 원하나이다 하는지라"(룻 1:17).

여기에는 사람이 할 수 있는 최고의 도리 두 가지가 다 들어 있습니다. 그 도리는 큰 것이 아닙니다. 나라를 구하겠다는 것도 아닙니다. 지극히 당연하면서도 귀한 도리입니다.

그중 하나가 부모님에 대한 도리입니다. 홀로 되신 어머니에

대한 사랑입니다. 낯선 타국에 와서 남편 잃고 자식마저 다 잃고 혼자 고향으로 돌아갈 어머니를 혼자 보낼 수 없는 지극한 사랑의 마음입니다.

또 하나는 하나님에 대한 사랑입니다. 하나님의 신실하심을 믿고 그의 일생을 맡기는 것입니다.

"어머니께서 가시는 곳에 나도 가고 어머니께서 머무시는 곳에서 나도 머물겠나이다 어머니의 백성이 나의 백성이 되고 어머니의 하나님이 나의 하나님이 되시리니 어머니께서 죽으시는 곳에서 나도 죽어 거기 묻힐 것이라 만일 내가 죽는 일 외에 어머니를 떠나면 여호와께서 내게 벌을 내리시고 더 내리시기를 원하나이다"(룻 1:16~17).

룻은 어머니인 나오미를 따라가서 살아가고자 할 때 특별한 소망이 있는 것이 아니었습니다. 그저 어머니를 생각하고 어머니의 신앙을 따르겠다는 것입니다.

우리는 큰 꿈을 꾸라고 말할 때가 많습니다. 원대한 계획을 세우라고 말하기도 합니다. 그렇다 보니 작은 꿈, 작은 계획은 부끄럽게 여겨집니다. 하나님 앞에 기도할 때 그 꿈이 너무도 소박해서 굳이 작정하고 기도하기가 부끄럽다고 느껴질 수도 있습니다. 하지만 소박한 꿈들이 모여서 하나님의 위대한 역사가 나타납니다.

솔로몬의 기도 역시 특별한 것이 아니었습니다. 아버지인 위대한 다윗 왕을 이어 더 커진 나라의 왕을 해야겠는데 아무리 생각해도 자신의 지혜가 부족하다는 것입니다. 그래서 왕 노릇 잘할 수 있도록 지혜를 구한 것입니다. 그런데 그 소박한 기도가 하나님의 마음을 감동하게 했으며 그로 인해 하나님은 솔로몬에게 많은 복을 주심으로 그를 위대한 왕이 되게 하신 것입니다.

자, 다시 오르바와 룻의 차이를 보겠습니다. 두 사람은 처음에는 이렇게 답을 합니다.

"나오미에게 이르되 아니니이다 우리는 어머니와 함께 어머니의 백성에게로 돌아가겠나이다 하는지라"(룻 1:10).

두 사람은 처음에는 어머니와 함께 어머니의 백성에게로 돌아가겠다고 했습니다. 그런데 이후 차이가 납니다. 차이가 바로 하나님에 대한 신뢰 문제, 즉 믿음이 문제였습니다. 오르바는 하나님에 대한 믿음을 제외하고는 할 만큼 했습니다. 거기까지였습니다. 그런데 룻이 오르바와 다른 것은 하나님에 대한 신뢰까지 생각한 것입니다. 이것이 룻과 오르바의 차이였습니다. 우리는 인간적으로 이 정도 했으면 된다고 말할 수 있습니다. 하지만 여기서 조금 더 성장해야 합니다. 하나님을 생각하는 것입니다. 하나님을 생각해야 하는 것은 복의 주인이 하나님이시기 때문입니다.

나오미는 룻의 이러한 결단을 보았기 때문에 룻과 함께 베들레헴으로 가기로 한 것입니다. 고생도 해보고 가족을 포함하여 인생의 소중한 것들을 잃고 나서 깨달은 것이 사람의 살고 죽는 것이 하나님께 있음을 알게 된 것입니다. 그래서 룻의 믿음을 보고 룻의 인생도 하나님께 맡기고 함께 베들레헴으로 돌아가기로 한 것입니다.

"이에 그 두 사람이 베들레헴까지 갔더라 베들레헴에 이를 때에 온 성읍이 그들로 말미암아 떠들며 이르기를 이이가 나오미냐 하는지라"(룻 1:19).

참 어려운 장면입니다. 나오미를 맞이하는 성읍 사람들의 모습을 그려봅니다.

나오미가 왔다는 소식이 온 동네에 알려집니다. 우리는 신경 쓰지 않으려고 무척 애를 쓰지만, 신경 쓰이는 것이 있습니다. 바로 사람들의 평가입니다. 그것도 자신을 잘 아는 사람들, 가까이 있는 사람들의 평가는 무척 강하게 느껴지는 것입니다.

이제 모여든 동네 사람들이 나오미의 귀향에 대해 많은 관심을 갖습니다. 흉년이 들어 고향을 떠날 때 누구보다 앞서 나갔던 나오미였기에 사람들은 많은 관심을 가지고 들여다보는 것입니다. 그런데 그 나오미가 남편과 아들들도 없이 이방 여인 하나만을 데리고 초라하게 온 것입니다. 이것을 보고 사람들이 비웃는 마음으로 이러쿵저러쿵 이야기하는 것입니다.

하지만 그럼에도 불구하고 나오미는 사람들의 평가에 개의치 않고 자신의 이야기를 합니다. 억지로 포장해서 변명하지 않습니다. 있는 그대로 말하고 주는 평가를 그대로 받아들입니다.

"나오미가 그들에게 이르되 나를 나오미라 부르지 말고 나를 마라라 부르라 이는 전능자가 나를 심히 괴롭게 하셨음이니라"(룻 1:20).

자기를 나오미라 부르지 말고 '마라'라고 부르라는 것입니다. 나오미라는 말의 뜻은 '기쁨, 즐거움'입니다. '마라'라는 말의 뜻은 '고통, 괴로움'입니다. 다시 말해 이전에는 즐거운 사람, 행복한 사람이라고 불러 주는 게 좋았지만, 이제는 고통만 남았으니 '마라'라고 부르라는 말입니다. 나오미는 자신이 겪고 있는 상황을 담담하게 이야기하고 받아들이고 있는 것입니다.

문제가 발생하고 어려운 상황이 벌어질 때 우리는 처한 불편한 상황을 피하지 않고 마주할 수 있는 힘을 기르는 것이 중요합니다. 주어진 상황을 바르게 바라볼 수 있을 때 우리는 그 어려움을 좀 더 쉽게 풀어 갈 수 있는 것입니다. 즉, 자신의 문제를 받아들이는 사람은 치유가 쉬워집니다.

하지만 문제를 인정하지 않으려고 하면 해결되기 어렵습니다. 늙는 것도 받아들여야 하고, 자녀가 자라면 떠나는 것도 받아들여야 하고, 병드는 것도 받아들여야 하며 실수나 실패도 받아들여야 합니다. 인간의 연약함을 받아들이지 않으면 문제를 극복하기도 어렵거니와 스스로 더욱 불행해지는 것입니다.

이제 나오미가 자신의 문제를 바라보는 고백을 살펴보겠습니다.

"전능자, 곧 하나님께서 나를 심히 괴롭게 하셨습니다"(룻 1:20).
"내가 풍족하게 나갔더니 여호와께서 내게 비어 돌아오게 하셨느니라"(룻 1:21).

나오미의 이 이야기가 어떻게 들려지십니까? 나오미가 하나님께 불평과 원망하는 소리로 들려지십니까?

만일 나오미가 자신이 처한 이 모든 고통의 문제에 대해 하나님을 원망했다면 나오미는 고향으로 돌아오지 않았을 것입니다. 하나님께서 고향 땅에 베푸신 돌보심에 대해서도 믿지 않았을 것입니다.

그러므로 나오미의 이 고백은 자신이 겪은 모든 상황 속에서 하나님은 하나님을 떠난 자기의 삶을 모른 척하지 않으시고 자신을 깨닫게 하시려고 간섭하셨다는 말입니다. 즉, 나오미는 "하나님이 나를 생각해 주시니 감사합니다. 나를 잘 돌아보게 하시니 감사합니다"라고 말하고 있는 것입니다.

우리는 힘들고 어려울 때 어떤 생각을 하는지 돌아봅니다. 통상은 하나님께서 왜 내게 이러시느냐고 다소 원망스러운 말이 나올 것입니다.

우리는 살아가면서 좋은 일들도 경험하지만 힘들고 어려운 경험도 합니다. 그런데 힘들고 어려운 경험이 간증이 될 수도 있고 상처도 될 수 있는데 그 차이가 바로 여기에 있습니다. 고생했지만, 하나님 앞에서 나를 돌아보게 되었다고 말하는 사람은 간증을 하는 것이고, 원망 거리를 찾는 사람은 상처가 되는 것입니다. 상황은 똑같은데 반응은 완전히 다른 것입니다.

회복의 자리에 설 것인가, 상처로 남을 것인가는 상황에 대한 인식입니다. 오늘의 어려움은 우리가 쓰러지기를 원해서 나타난 것이 아닙니다. 우리를 위해 독생자까지 주시는 하나님의 뜻이 아닙니다. 그러므로 우리는 상황 인식을 잘해야 합니다. 나오미는 그 상황 인식을 잘하고 있는 것입니다. 그리고 고개를 들어 보니 추수 때가 이르렀음이 보이는 것입니다.

"나오미가 모압 지방에서 그의 며느리 모압 여인 룻과 함께 돌아왔는데 그들이 보리 추수 시작할 때에 베들레헴에 이르렀더라"(룻 1:22).

하나님의 은혜가 보입니다. 회복의 기회가 보이는 것입니다. 미래가 보입니다. 또 하나의 새로운 소망이 엿보입니다. 나오미와 룻이 베들레헴에 돌아온 때가 마침 추수할 시기이기에 먹고사는 문제가 해결되는 것입니다. 회복의 첫걸음이 시작되었습니다.

룻기 강해
회복의 은혜

하나님의 회복시나리오

룻기 강해
회복의 은혜

"보아스가 룻에게 이르되 내 딸아 들으라
이삭을 주우러 다른 밭으로 가지 말며
여기서 떠나지 말고 나의 소녀들과 함께 있으라
그들이 베는 밭을 보고 그들을 따르라
내가 그 소년들에게 명령하여 너를 건드리지 말라 하였느니라
목이 마르거든 그릇에 가서
소년들이 길어 온 것을 마실지니라 하는지라"(룻 2:8~9).

하나님의 회복 시나리오

 나오미의 남편 엘리멜렉의 친족으로 유력한 자가 있으니 그의 이름은 보아스더라 모압 여인 룻이 나오미에게 이르되 원하건대 내가 밭으로 가서 내가 누구에게 은혜를 입으면 그를 따라서 이삭을 줍겠나이다 하니 나오미가 그에게 이르되 내 딸아 갈지어다 하매 룻이 가서 베는 자를 따라 밭에서 이삭을 줍는데 우연히 엘리멜렉의 친족 보아스에게 속한 밭에 이르렀더라 마침 보아스가 베들레헴에서부터 와서 베는 자들에게 이르되 여호와께서 너희와 함께 하시기를 원하노라 하니 그들이 대답하되 여호와께서 당신에게 복 주시기를 원하나이다 하니라 보아스가 베는 자들을 거느린 사환에게 이르되 이는 누구의 소녀냐 하니 베는 자를 거느린 사환이 대답하여 이르되 이는 나오미와 함께 모압 지방에서 돌아온 모압 소녀인데 그의 말이 나로 베는 자를 따라 단 사이에서 이삭을 줍게 하소서 하였고 아침부터 와서는 잠시 집에서 쉰 외에 지금까지 계속하는 중이니이다 보아스가 룻에게 이르되 내 딸아 들으라 이삭을 주우러 다른 밭으로 가지 말며 여기서 떠나지 말고 나의 소녀들과 함께 있으라 그들이 베는 밭을 보고 그들을 따르라 내가 그 소년들에게 명령하여 너를 건드리지 말라 하였느니라 목이 마르거든 그릇에 가서 소년들이 길어 온 것을 마실지니라 하는지라 룻이 엎드려 얼굴을 땅에 대고 절하며 그에게 이르되 나는 이방 여인이거늘 당신이 어찌하여 내게 은혜를 베푸시며 나를 돌보시나이까 하니 보아스가 그에게 대답하여 이르되 네 남편이 죽은 후로 네가 시어머니에게 행한 모든 것과 네 부모와 고국을 떠나 전에 알지 못하던 백성에게로 온 일이 내게 분명히 알려졌느니라 여호와께서 네가 행한 일에 보답하시기를 원하며 이스라엘의 하나님 여호와께서 그의 날개 아래에 보호를 받으러 온 네게 온전한 상 주시기를 원하노라 하는지라 룻이 이르되 내 주여 내가 당신께 은혜 입기를 원하나이다 나는 당신의 하녀 중의 하나와도 같지 못하오나 당신이 이 하녀를 위로하시고 마음을 기쁘게 하는 말씀을 하셨나이다 하니라   (룻 2:1-13).

우리가 살면서 힘들다 싶은 일들을 만나게 되는 때가 언제일까요? 한마디로 하라고 하면 내 예상대로 일이 풀리지 않을 때입니다. 충분히 생각하고 계획했는데 일이 예상과 다르게 펼쳐질 때 우리는 당황스럽고 힘들다고 말하는 것입니다.

　뜻밖의 건강문제, 갑자기 닥치는 물질문제, 이상하게 꼬여 버린 인간관계, 가정의 문제 등등 이런 것들로 우리는 인생의 힘든 고비를 겪게 되는 것입니다.

　반면에 뜻밖의 일들, 본문의 표현을 빌리자면, 우연한 일로 일이 또 풀리기도 하고 인생이 달라지기도 합니다.

　제가 처음 군목에 대해 관심을 갖게 된 것은 제가 다니던 교회에 들른 한 신학생 때문이었습니다. 신학교에 막 들어갔을 무렵, 교회 청년회 모임이 있었습니다. 그때 우리 교회의 다른 분을 만나러 온 이웃 교회 신학생과 우연히 군대 문제를 이야기하게 되었습니다. 또한, 군 생활하면서 청년선교를 할 수 있는 군종목사 제도에 대해 알게 된 것입니다.

　그 이후 군목에 대해 관심을 갖게 되고 마침 신학교 1학년 때

치러지는 국방부 주관 군종목사 선발시험이 한 달 후에 있다는 것을 알고 군목 시험에 응시하게 된 것입니다. 지금 생각해 보면 이름도 모르는 그 분과의 이야기 때문에 제 인생에 큰 전환이 생긴 것입니다.

성경에도 우연히 일어난 일이라고 표현하지만, 사실은 그저 우연히 일어난 일이 아니라 우연처럼 보이는 하나님의 역사를 보여주는 이야기들이 많이 있습니다. 우연히 일어난 일에 마침 하나님께서 개입하시고 역사하셔서 하나님의 크신 뜻을 이루어간 사건들입니다. 몇 가지 예를 들어보겠습니다.

다윗이 아버지의 심부름으로 군에 간 형들을 위해 도시락을 싸 들고 면회하러 갑니다. 다윗의 아버지 이새는 블레셋과 전쟁을 치르고 있는 아들들의 안부가 무척 걱정스러웠던 것입니다. 그때 마침 거기서 우연히 블레셋의 골리앗이 이스라엘을 향하여 조롱하며 도발하는 이야기를 들었습니다. 그런데 이스라엘 중에 아무도 골리앗을 향해 나아가 싸우고 그 조롱을 막아내고자 하는 사람이 없었습니다. 이 이야기를 듣고 분개한

다윗이 골리앗을 무찌름으로 일약 영웅이 되고 백성들이 주목하는 사람이 된 것입니다.

에스더서를 보면 이스라엘과 역사적 원한 관계에 있던 아각 사람 하만이 총리가 됩니다. 모든 사람이 무릎을 꿇고 절을 해야 하는 높은 지위에 오른 것입니다. 하지만 유대인인 모르드개가 자신에게 굴복하지 않자, 하만은 모르드개를 비롯한 모든 유대인을 죽일 계획을 세웁니다.

그 첫 번째로 유대인들의 지도자인 모르드개를 장대에 높이 매달아 죽여 본보기로 삼으려고 왕에게 승인을 받고자 궁으로 향합니다. 그런데 그때 마침 우연히 왕 아하수에로가 잠이 오지 않아 역대일기를 읽다가 자신을 암살하려던 반역자들의 음모를 고발함으로 목숨을 구해준 모르드개의 공로를 알게 됩니다. 그리고 그에 대해 모르드개가 아무런 보상을 받지 못한 것을 알게 됩니다.

아하수에로 왕이 모르드개에게 어떻게 대우해 줄 것인가를 생각하던 차에 마침 하만이 왕에게 온 것입니다. 왕은 총리인 하만에게 공을 세운 사람을 어떻게 대우하면 좋을 것인가를 묻게 되는데, 하만은 그 공로자가 자신인 줄 착각하고 왕에 버금가는 대우를 해줄 것을 건의합니다. 결국, 모르드개를 죽이려던 하만에 의해 모르드개가 왕에게 인정받는 가장 존귀한 자의 자리에 오르게 된 것입니다. 말 그대로 하루아침에 위치가 역전이 된 것입니다.

이러한 일들은 우연히 벌어진 것 같지만 하나님께서 사랑하는 자들을 위해 역사를 만드신 것입니다.

본문에서도 하나님께서 모든 것을 잃고 실패한 모습으로 고향으로 돌아온 나오미와 그의 며느리 룻을 위한 회복 시나리오를 전개하십니다.

"룻이 가서 베는 자를 따라 밭에서 이삭을 줍는데 우연히 엘리멜렉의 친족 보아스에게 속한 밭에 이르렀더라"(룻 2:3).

베들레헴에 도착한 룻은 어머니와 함께 먹을 먹거리를 구하고자 시어머니의 허락을 얻어 떨어진 이삭이라도 주우러 밭으로 나가게 됩니다. 그런데 우연히 보아스의 밭에 이르게 된 것입니다. 보아스라는 사람은 나오미의 일가친척으로 도움을 줄 만한 유력한 사람이었지만 나오미가 이야기하지 않았기 때문에 룻은 알 수가 없었습니다. 일부러 찾아간 것이 아니라 그저 이삭을 줍다가 우연히 그 밭에 갔다고 말씀합니다.

"마침 보아스가 베들레헴에서부터 와서 베는 자들에게 이르되 여호와께서 너희와 함께 하시기를 원하노라 하니 그들이 대답하되 여호와께서 당신에게 복 주시기를 원하나이다 하니라"(룻 2:4).

그런데 마침 보아스가 일하는 일꾼들을 둘러보고 격려하려고 밭에 들른 것입니다. 보아스는 일하는 사람들에게 하나님의 복을 빌어줍니다. 보아스의 이러한 모습을 볼 때 그는 무척 친절하고 인자한 사람으로 보입니다. 또한, 자기 집에서 일하는 사람이라고 무시하지 않습니다. 그렇다면 룻이 이 밭에 이르게 된 이유를 짐작할 수 있을 것입니다.

당시 유대인들은 추수할 때 가난한 사람, 도움이 필요한 사람들을 위해 이삭까지 싹싹 거두지 않았습니다. 그것이 사회적 배려였습니다. 그러므로 인자한 보아스의 성품을 본다면 그의 밭은 다른 곳보다 이삭줍기에 좋았음을 알 수 있습니다. 그러므로 룻이 이삭이 많이 떨어진 밭을 찾아 일하다 보니 자연스레 이 밭에 이르렀다는 것입니다.

그리고 우연히 보아스의 눈에 룻이 들어옵니다. 보아스는 일꾼 하나하나를 다 알고 살피는 세심함이 있었던 것입니다. 그렇게 일하는 사람들을 둘러보는데 낯선 여인이 보입니다. 바로 룻이었습니다. 그래서 룻과 보아스의 만남이 시작됩니다.

하지만 한자리에 있다고 해서 다 만남이라고 말할 수 없으며 또한 역사가 이뤄지기까지는 이뤄져야 할 일들이 너무도 많습니다.

"베는 자를 거느린 사환이 대답하여 이르되 이는 나오미와 함께 모압 지방에서 돌아온 모압 소녀인데 그의 말이 나로 베는 자를 따라 단 사이에서 이삭을 줍게 하소서 하였고 아침부터 와서는 잠시 집에서 쉰 외에 지금까지 계속하는 중이니이다"(룻 2:6~7).

다른 사람들이 룻에 대해 좋은 평가를 해주고 있습니다. 타국 땅에서 온 어린 소녀인데 열심히 일한다는 것입니다. 룻은 밭에 들어와 이삭을 줍기 전 예의 바르게 일할 수 있도록 요청을 합니다. 그리고 일하기 시작하자 정말 열심히 일하는 모습을 보인 것입니다. 이것을 본 다른 사람들이 룻에 대해 좋은 평가를 해준 것입니다.

얼마 전에 제가 자전거를 고치려고 한 자전거 점포에 갔습니다. 연세 든 아주머니가 가게를 지키고 계셨습니다. 제가 찾는 물건을 말씀드렸더니 한참을 찾다가 찾지 못했습니다. 그러자 누군가에게 전화했습니다. 그리고는 물건을 찾아왔습니다.
그런데 제가 찾는 물건이 아니었습니다. 아주머니는 다시 누군가에게 전화를 걸어 이야기를 하더니 느닷없이 저에게 전화기를 건네주었습니다. 그런데 저쪽에서는 제가 전화 받는 줄 몰랐습니다. 그때 전화기에서 뜻밖의 이야기가 들려옵니다. "그냥 없다고 해 버려요"라고 하면서 무척 짜증스럽게 말했습니다. 제가 옹졸해서 그런지 마음이 확 상했습니다.

제가 대답했습니다. "네, 없다고 해 버리라고 하는 거로 알겠습니다." 그리고는 전화기를 넘겨주고 그냥 나왔습니다. 그런데 마음이 정말 좋지 않았습니다. 아마 다음에 자전거에 관련해서 무엇을 사려고 한다면 그 가게에 가서는 사고 싶은 마음이 없을 것 같습니다. 또 누가 그 가게에 관해 물어본다면 좋은 평가는 어려울 것 같습니다.

보아스와 룻의 만남을 생각해 봅니다. 첫 만남에서 룻은 보아스에게 참 좋은 평가를 받은 여인으로 깊은 인상을 남긴 것입니다. 이에 보아스가 룻을 배려합니다.

"보아스가 룻에게 이르되 내 딸아 들으라 이삭을 주우러 다른 밭으로 가지 말며 여기서 떠나지 말고 나의 소녀들과 함께 있으라 그들이 베는 밭을 보고 그들을 따르라 내가 그 소년들에게 명령하여 너를 건드리지 말라 하였느니라 목이 마르거든 그릇에 가서 소년들이 길어 온 것을 마실지니라 하는지라"(룻 2:8~9).

보아스는 룻이 자기 밭에서 계속 이삭을 주울 수 있도록 특별한 배려를 합니다. 또한, 젊은 소년들이 룻을 함부로 하지 못하도록 경고를 하고, 심지어 목이 마르면 보아스의 소년들이 길어온 물을 마실 수 있게 허용합니다. 이 말은 뜨거운 날씨에 물이 중요하다는 것과 근처에 물을 먹기 위한 우물이 없다는 말입니다.

그러므로 소년들이 준비해 둔 물을 마실 수 있게 한 것은 룻에 대한 특별한 배려이며 더 많은 이삭을 주울 수 있는 시간을 벌어주는 것입니다. 남의 밭에 가서 이삭을 주워 생계를 유지하는 보통의 여인들이 받기 어려운 배려를 받은 것입니다. 보잘것없는 가난한 이방 여인인 자신을 배려해 주어서 룻은 놀라움에 얼굴을 땅에 대고 절하며 감사를 표합니다.

만남을 통해 특별한 역사가 벌어지기까지는 나름의 이유가 있는 것입니다. 특히 룻처럼 열심히 살고자 하면 사람들이 알 아줍니다. 그 가운데 도움의 마음이 있습니다. 배려해 주니 또 한 감사함으로 응답하는 마음이 있습니다. 이렇게 마음과 마음 으로 주고받는 것이 만남입니다.

예수님께서 우리를 위해 이 땅에 오셔서 우리의 모든 짐을 지 고 십자가로 가십니다. 이러한 예수님의 사랑을 알아야 합니 다. 이것을 영접이라고 하고 마음의 문을 연다고 말하기도 합 니다. 그러면 하나님은 우리에게 십자가의 은혜가 내 것이 되 게 하십니다. 그래서 하나님의 자녀로 삼아 주시고 우리 속에 오셔서 우리와 함께 먹고 동행해 주시는 것입니다. 이것이 하 나님과 우리의 인격적 만남이라는 것입니다.

"보아스가 그에게 대답하여 이르되 네 남편이 죽은 후로 네 가 시어머니에게 행한 모든 것과 네 부모와 고국을 떠나 전에 알지 못하던 백성에게로 온 일이 내게 분명히 알려졌느니라 여 호와께서 네가 행한 일에 보답하시기를 원하며 이스라엘의 하 나님 여호와께서 그의 날개 아래에 보호를 받으러 온 네게 온

전한 상 주시기를 원하노라 하는지라"(룻 2:11~12).

보아스는 룻에게 배려하는 이유를 알려줍니다. 먼저 보아스는 룻의 사정에 대해 너무도 정확하게 알고 있었습니다. 보아스가 룻에 대해 어떻게 알았는지는 나오지 않지만, 룻의 이야기는 이미 많은 사람에게 소문이 나 있지 않았나 싶습니다.

홀로 된 시어머니를 모시고 낯선 곳에 와서 살아보고자 애쓰는 이방 여인 룻이 누구인지 얼굴을 모르지만, 알 만한 사람들은 모두 룻에 대해 칭찬하고 있다는 것입니다. 그 모습이 너무 귀해서 보아스도 자기 밭에 온 룻에 대해 배려해 주고자 하는 것입니다.

룻의 이러한 모습은 사실 특별한 일이 아닙니다. 힘들어도 인생을 포기하지 않고 사는 것 당연한 일입니다. 부모를 모시고 살아가는 자식으로서 도리를 다하는 것은 당연합니다. 하지만 당연한 것이 특별할 수 있음을 말합니다. 당연한 것을 당연한 줄 알고 감사함으로, 또한 겸손함으로 할 때 하나님은 그것을 특별하게 받으신 것입니다. 그것이 바로 하나님의 사랑이고 배려입니다.

 포기하지 않고 열심히 살았더니 이런 배려를 받습니다. 자식으로서 할 도리를 했을 뿐인데 사람들이 귀히 여겨 줍니다.
 어떻게 이런 좋은 일들이 계속해서 펼쳐질 수 있을까요?

 룻이 이삭을 주우러 가다 보니 보아스의 밭에 이르게 됩니다. 그런데 마침 인자한 밭 주인 보아스가 추수하는 것을 살펴보기 위하여 그 밭에 이르게 됩니다. 그리고 그 많은 사람 가운데 유독 룻이 보아스의 눈에 들어옵니다. 게다가 주변에서 같이 있던 사람들도 룻에 대하여 보아스에게 좋은 평가를 해줍니다. 이에 보아스가 룻에 대해 칭찬을 하고 계속해서 이삭을 주워 갈 수 있도록 특별한 배려를 해줍니다. 이러한 좋은 일들의 연속으로 타국 땅에서 온 이방 여인 룻이 시어머니를 모시고 새롭게 살아갈 수 있는 기회를 얻은 것입니다.

 이 모든 것이 단순히 우연히 벌어진 것이라고 말하기에는 너무도 많은 일이 룻을 위해 진행되고 있습니다. 즉 하나님이 나오미와 룻의 가정을 회복시키기 위해 사용하신 멋진 시나리오였던 것입니다. 하나님께서 쓰시는 시나리오는 우리의 생각을 초월합니다. 그러므로 삶이 아무리 힘들고 어려워도 하나님의 계획하심을 믿고 살아보는 것이 중요합니다. 룻을 위해 많은 일을 이뤄 가시는 살아계신 하나님께서 동일하게 회복의 축복으로 함께 하실 것입니다.

룻기 강해
회복의 은혜

정결-
회복의 은혜를 위하여

룻기 강해
회복의 은혜

나오미는 룻에게 다른 밭에 가지 말고,
다른 사람들과 어울리지 말고
소녀들과 함께하라고 말합니다.
이것은 훗날 있을 회복의 때를 생각하여
흠이 없도록 준비시키는 것입니다.
정결함입니다.
이것이 중요합니다.
하나님 앞에 나설 수 있는 것이 바로
정결함입니다.

정결-
회복의 은혜를
위하여

　식사할 때에 보아스가 룻에게 이르되 이리로 와서 떡을 먹으며 네 떡 조각을 초에 찍으라 하므로 룻이 곡식 베는 자 곁에 앉으니 그가 볶은 곡식을 주매 룻이 배불리 먹고 남았더라 룻이 이삭을 주우러 일어날 때에 보아스가 자기 소년들에게 명령하여 이르되 그에게 곡식 단 사이에서 줍게 하고 책망하지 말며 또 그를 위하여 곡식 다발에서 조금씩 뽑아 버려서 그에게 줍게 하고 꾸짖지 말라 하니라

　룻이 밭에서 저녁까지 줍고 그 주운 것을 떠니 보리가 한 에바쯤 되는지라 그것을 가지고 성읍에 들어가서 시어머니에게 그 주운 것을 보이고 그가 배불리 먹고 남긴 것을 내어 시어머니에게 드리매 시어머니가 그에게 이르되

오늘 어디서 주웠느냐 어디서 일을 하였느냐 너를 돌본 자에게 복이 있기를 원하노라 하니 룻이 누구에게서 일했는지를 시어머니에게 알게 하여 이르되 오늘 일하게 한 사람의 이름은 보아스니이다 하는지라 나오미가 자기 며느리에게 이르되 그가 여호와로부터 복 받기를 원하노라 그가 살아 있는 자와 죽은 자에게 은혜 베풀기를 그치지 아니하도다 하고 나오미가 또 그에게 이르되 그 사람은 우리와 가까우니 우리 기업을 무를 자 중의 하나이니라 하니라 모압 여인 룻이 이르되 그가 내게 또 이르기를 내 추수를 다 마치기까지 너는 내 소년들에게 가까이 있으라 하더이다 하니 나오미가 며느리 룻에게 이르되 내 딸아 너는 그의 소녀들과 함께 나가고 다른 밭에서 사람을 만나지 아니하는 것이 좋으니라 하는지라 이에 룻이 보아스의 소녀들에게 가까이 있어서 보리 추수와 밀 추수를 마치기까지 이삭을 주우며 그의 시어머니와 함께 거주하니라 (룻 2:14-23)

전방 철책부대에서 근무할 때 담당해야 할 예배당이 다섯 군데였습니다. 세 곳은 매주 예배를 인도하고 나머지 두 곳은 격주로 가서 예배를 인도했습니다. 제가 못 가는 주일에는 민간 목사님이 오셔서 예배를 인도하셨습니다.

그 가운데 최전방 철책에 있는 부대교회가 있습니다. 방문하려면 연대 본부에서 차로 40분 정도 소요됩니다. 하지만 병사들도 예배에 참석하기 위해 철책의 험한 계단을 따라 찾아옵니다. 여름에는 무더위 속에 총을 든 단독군장으로 산길을 따라 난 계단을 타고 왔기에 온통 땀범벅입니다. 눈이 오는 겨울날에는 빗자루까지 하나 더 들고 눈길을 치우고 오고, 치우며 가기도 합니다.

저는 예배 인도를 위해 처음에는 편리성 때문에 부대에서 제공해 준 군용 지프를 타고 다녔습니다. 그런데 우연히 조금만 길을 돌아오면 병사들을 태우고 올 수 있다는 것을 알게 되었습니다. 하지만 지프는 운전병과 저를 빼고 두세 명 정도만 태울 수 있습니다. 그래서 생각하다가 부대에 요청해서 트럭을 타고 가기로 했습니다. 그러면 10여 명은 태우고 갈 수 있기 때문입니다. 물론 속도도 느리고 불편합니다. 하지만 걸어오는 병사들을 태우고 다닐 수 있기 때문에 그 정도 불편은 일도 아니었습니다.

그런데 병사들이 오히려 제 걱정을 했습니다. 목사인 제가 불편할 거라 하면서 자신들은 걷는 것이 익숙하다고 애써 위로

했습니다. 하지만 그곳을 떠날 때까지 트럭을 타고 다녔습니다. 장병들의 그 순수한 믿음에 비하면 저의 수고는 아무것도 아니기 때문입니다.

오히려 많은 장병이 트럭에 올라탈 때마다 더 신이 났습니다. 주일이라 쉬어야 하지만 휴가 간 날을 제외하고는 매주 도맡아서 트럭 운전을 자원해 줬던 신우 형제의 귀한 마음도 잊을 수가 없습니다.

순수한 마음은 우리를 신나게 합니다. 순수한 마음은 감동을 줍니다. 감동은 또 다른 사람들의 마음을 움직이는 것입니다.

우연하게 만난 보아스와 룻입니다. 하지만 룻이 부모를 생각하는 마음, 하나님을 향한 믿음, 그리고 성실함과 겸손은 보아스에게 더욱 돕고 싶은 마음을 갖게 합니다.

"식사할 때에 보아스가 룻에게 이르되 이리로 와서 떡을 먹으며 네 떡 조각을 초에 찍으라 하므로 룻이 곡식 베는 자 곁에 앉으니 그가 볶은 곡식을 주매 룻이 배불리 먹고 남았더라"(

룻 2:14).

룻이 보아스의 밭에서 이삭을 줍고 있습니다. 그런데 마침 식사시간이 되었습니다. 보아스가 룻을 식탁으로 초대합니다. 이것은 단지 한 끼의 식사를 나누는 것 이상의 특별한 배려입니다.

직장에서는 회식이라는 문화가 있습니다. 제가 군에서 근무할 때도 회식이 있었습니다. 부서별로 모여서 회식을 하기도 하고, 특별한 행사 전후에는 주요 간부들이 모여 회식을 합니다. 물론 회식에는 음식과 함께 술도 나오게 됩니다. 저는 잘 안 갔습니다. 그 회식에는 교회 성도들도 많이 있기 때문에 저도 불편하고 성도들도 불편할 것 같아서였습니다.

또 하나의 이유는 가끔 목사인 저에게 술을 주려는 분들이 있습니다. 거절해도 꼭 먹이겠다는 강한 의지를 가지고 집요하게 주려는 분들이 아주 가끔 있습니다. 첫 근무지에서 그런 경험을 한 후로는 군 생활하는 가운데 거의 간 적이 없습니다.

그런 목사들의 애로를 아시는 지휘관분들 중에는 성직자들을 따로 불러 회식을 하기도 합니다. 특별대우를 하는 것이지요. 이것은 단순히 밥 한 끼가 아니라 지휘관의 관심과 힘을 실어주는 의식입니다. 고마운 일입니다.

보아스가 룻을 식탁으로 초대하는 것도 같은 이유입니다.

보아스는 룻에게 떡을 초에 찍어 먹으라고 합니다. 떡을 초에 찍으라는 말은 유대인들의 음식 먹는 방법으로 초의 신 맛이 사람의 기운을 나게 한다고 합니다.
이렇게 보아스가 룻에 대해 살피는 모습을 보이는 것은 많은 사람에게 룻을 함부로 대하지 말라고 하는 배려였던 것입니다.

또한, 룻을 위해 볶은 곡식을 줍니다. 볶은 곡식이라 하는 것은 곡식이 완전히 여물기 전에 수확한 햇곡식으로 불에 구운 것을 말합니다. 이제 막 추수가 시작되어 얻은 맛있고 신선한 햇곡식을 충분히 먹고도 남을 만큼 주었다는 것입니다. 이것은 보아스가 룻이 집에 있는 시어머니인 나오미를 생각해서 식사하는데 불편해하지 않도록 함과 아울러 남은 것은 나오미를 위해 가져가도록 배려했다는 것을 말합니다.

더 나아가 보아스는 일하는 사람들에게 일부러 곡식다발에서 곡식을 조금씩 뽑아 흘리게 합니다. 통상 이삭으로 남는 것은 온전하지 못한 곡식들입니다. 크기가 작거나 모양이 일그러진 것들이 추수꾼의 손에서 버림을 받아서 버려진 이삭으로 남게 되는 것입니다. 그런데 보아스는 이미 거둔 곡식단에서 뽑으라고 합니다. 온전한 것들을 주고자 한 것입니다. 하지만 그냥 준다면 룻이 불편해할까 봐 일부러 흘림으로 줍는 룻도 어색하지 않게 한 것입니다.

참 친절한 배려입니다. 약한 자를 돌보는 보아스의 배려는 너무도 세밀하고 친절합니다. 이것은 우리를 생각하시는 하나님의 사랑을 의미합니다.

"나의 하나님이 그리스도 예수 안에서 영광 가운데 그 풍성한 대로 너희 모든 쓸 것을 채우시리라"(빌 4:19).

하나님께서 우리를 사랑하시고 회복하실 때는 이처럼 풍성하고 충분하게 하십니다.

"룻이 밭에서 저녁까지 줍고 그 주운 것을 떠니 보리가 한 에바쯤 되는지라 그것을 가지고 성읍에 들어가서 시어머니에게 그 주운 것을 보이고 그가 배불리 먹고 남긴 것을 내어 시어머니에게 드리매"(룻 2:17~18).

보아스의 배려 속에 저녁까지 일할 수 있었던 룻이 집으로 돌아와 어머니 나오미에게 주운 이삭 한 에바를 보여 드립니다. 이것은 우리로 말하면 쌀 서 말 가까운 양입니다. 하루 이삭줍기로는 엄청난 양입니다.

그리고 아까 충분히 먹고, 어머니를 위해 남긴 음식을 내놓습니다. 그동안 낯선 이방 땅에서 모든 것을 잃어버리고 고생 끝에 돌아온 나오미가 고향 땅에서 난 곡식으로 지어진 첫 식사입니다. 그동안 먹을 수 없었던 양식입니다. 맛난 햇곡식을 먹게 된 것입니다.

룻은 그것을 가져다가 어머니에게 드립니다. 나오미는 이것을 보고 감동합니다. 그래서 이렇게 말합니다.

"시어머니가 그에게 이르되 오늘 어디서 주웠느냐 어디서 일을 하였느냐 너를 돌본 자에게 복이 있기를 원하노라 하니 룻이 누구에게서 일했는지를 시어머니에게 알게 하여 이르되 오늘 일하게 한 사람의 이름은 보아스니이다 하는지라"(룻 2:19).

나오미는 이렇게 귀한 음식을 얻은 것이 놀라웠습니다. 그래서 그 음식 준 사람이 누구인지 답을 듣기도 전에 복을 빌어 주고 있습니다.

'돌본다'라는 것은 인정하고 알아준다는 말입니다. 나오미와 룻은 다 망한 사람들입니다. 이제는 힘이 되어줄 남편도 없고 게다가 룻은 타국에서 온 이방 사람입니다. 그만큼 지금 룻이 가져온 음식과 주워 온 이삭의 양을 볼 때 룻이 받은 배려가 크다는 것입니다. 이에 룻은 자기가 일할 수 있도록 배려해 준 사람이 보아스임을 이야기합니다.

그러자 나오미가 다시 한번 하나님의 이름으로 보아스를 축복합니다. 이것은 우연한 만남이 아니라 하나님이 주신 기회임을 직감적으로 안 나오미가 보아스를 축복하는 것입니다.

"나오미가 자기 며느리에게 이르되 그가 여호와로부터 복 받기를 원하노라 그가 살아 있는 자와 죽은 자에게 은혜 베풀기를 그치지 아니하도다 하고 나오미가 또 그에게 이르되 그 사람은 우리와 가까우니 우리 기업을 무를 자 중의 하나이니라 하니라"(룻 2:20).

나오미는 보아스의 도움이 얼마나 귀한지 일러줍니다. 살아 있는 자와 죽은 자에게 은혜 베풀었다는 것입니다. 이 말은 나오미와 룻뿐만 아니라 이들을 돌봄으로 죽은 엘리멜렉과 두 아들이 감당해야 할 일을 돕는다는 의미입니다. 그러므로 하나님의 축복을 다시 한번 빌어 주는 것입니다.

여기 '기업을 무를 자'라는 말이 있습니다. 히브리어로 기업은 땅을 말하고 무를 자는 '가알'이라는 말인데 잃은 것을 회복시켜 주는 사람이라는 뜻입니다.

유대인들의 땅에 대한 개념은 가나안 땅 분배 시 받은 토지를 그 족속에게만 계승토록 합니다. 혹시 가난 등의 이유로 팔아도 희년, 즉 50년이 되면 돌려주도록 합니다. 하지만 그 전에 친족 중에서 무를 능력이 있는 사람이 있으면 대신 물어주는 것이 법입니다. 그 친족 중의 한 사람이 보아스인 것입니다.

나오미는 이제 룻이 해야 할 일을 일러 줍니다.

"나오미가 며느리 룻에게 이르되 내 딸아 너는 그의 소녀들과 함께 나가고 다른 밭에서 사람을 만나지 아니하는 것이 좋으니라 하는지라 이에 룻이 보아스의 소녀들에게 가까이 있어서 보리 추수와 밀 추수를 마치기까지 이삭을 주우며 그의 시어머니와 함께 거주하니라"(룻 2:22~23).

나오미는 룻에게 다른 밭에 가지 말고, 다른 사람들과 어울리지 말고 소녀들과 함께하라고 말합니다. 이것은 훗날 있을 회복의 때를 생각하여 흠이 없도록 준비시키는 것입니다.
정결함입니다. 이것이 중요합니다. 하지만 현실은 삶의 문제로 인해 다음을 생각하기가 참 어려울 때가 있습니다. 당장 먹고 사는 것을 생각해야 하고, 해결해야 할 경제문제가 있으며, 풀어가야 할 관계의 문제가 있습니다. 하루하루 생존하는 것 자체가 힘겨운데 어떻게 다음을 생각할 수 있겠습니까?

나오미는 룻이 얼른 시어머니와 함께 가정을 일으키고 경제적으로 안정이 되길 바라는 마음으로 열심히 일하고 있는 것을 알았습니다. 그렇다면 조금이라도 더 많은 이삭을 줍기 위해 이곳저곳을 기웃거리다 보면 자칫 보아스의 밭에서처럼 배려받지 못하고 이방 여인이라는 약한 자로서 험한 상처를 받을 수 있음을 염려한 것입니다. 더 나아가 나오미는 룻을 위한 큰 그림을 생각하고 있는 것입니다. 그렇다면 더더욱 정결해야 하는 것입니다. 그래서 나오미는 다른 밭으로 가지 말고, 어울리지도 말라고 한 것입니다.

룻이 바랄 수 없는 중에 바라는 가장 놀라운 축복이 있다면 그것은 새로운 신랑을 맞이하는 것입니다. 그렇다면 정결해야 합니다. 흠이 없어야 합니다. 나오미는 룻이 아름다운 가정을 이루고 멋진 인생을 살아가기를 간절히 바라는 마음으로 정결할 수 있도록 지켜 주는 것입니다.

깨끗하면 쓰일 곳이 참 많습니다. 우리는 하나님께서 사용하실 때에는 큰 그릇보다도 깨끗한 그릇이 중요하다는 것을 잘 알고 있습니다.

"큰 집에는 금 그릇과 은 그릇뿐 아니라 나무 그릇과 질그릇도 있어 귀하게 쓰는 것도 있고 천하게 쓰는 것도 있나니 그러므로 누구든지 이런 것에서 자기를 깨끗하게 하면 귀히 쓰는 그릇이 되어 거룩하고 주인의 쓰심에 합당하며 모든 선한 일에 준비함이 되리라"(딤후 2:20~21).

나오미가 바라보는 안목을 배워야 합니다. 나오미는 룻에게 있을 회복의 은혜를 준비시키고 있는 것입니다. 곧 보아스의 친절을 받을 준비를 하는 것입니다. 하나님은 분명히 하나님의 자녀를 회복시키십니다. 예수님의 십자가 사건이 바로 우리를 정결하게 하고 하나님의 자녀로 회복시키시기 위한 은혜입니다.

룻기 강해
회복의 은혜

너를 복되게 하리라

룻기 강해
회복의 은혜

먼저 나오미는 룻을 위해 안식할 곳을
구해야겠다고 말합니다.
다시 말하면 지금은 당장 먹고사는데 어려움을
극복했지만 안식할 곳이 안 된다는 말입니다.
지금 누리는 이 작은 여유는 영원한 안식이
될 수 없다는 말입니다.

나오미가 말하는 안식이란 어떤 의미일까요?

|
너를 복되게 하리라
|

룻의 시어머니 나오미가 그에게 이르되 내 딸아 내가 너를 위하여 안식할 곳을 구하여 너를 복되게 하여야 하지 않겠느냐 네가 함께 하던 하녀들을 둔 보아스는 우리의 친족이 아니냐 보라 그가 오늘 밤에 타작 마당에서 보리를 까불리라 그런즉 너는 목욕하고 기름을 바르고 의복을 입고 타작마당에 내려가서 그 사람이 먹고 마시기를 다하기까지는 그에게 보이지 말고 그가 누울 때에 너는 그가 눕는 곳을 알았다가 들어가서 그의 발치 이불을 들고 거기 누우라 그가 네 할 일을 네게 알게 하리라 하니 룻이 시어머니에게 이르되 어머니의 말씀대로 내가 다 행하리이다 하니라 그가 타작마당으로 내려가서 시어머니의 명령대로 다 하니라 보아스가 먹고 마시고 마음이 즐거워 가서

곡식 단 더미의 끝에 눕는지라 룻이 가만히 가서 그의 발치 이불을 들고 거기 누웠더라 밤중에 그가 놀라 몸을 돌이켜 본즉 한 여인이 자기 발치에 누워 있는지라 이르되 네가 누구냐 하니 대답하되 나는 당신의 여종 룻이오니 당신의 옷자락을 펴 당신의 여종을 덮으소서 이는 당신이 기업을 무를 자가 됨이니이다 하니 그가 이르되 내 딸아 여호와께서 네게 복 주시기를 원하노라 네가 가난하건 부하건 젊은 자를 따르지 아니하였으니 네가 베푼 인애가 처음보다 나중이 더하도다 그리고 이제 내 딸아 두려워하지 말라 내가 네 말대로 네게 다 행하리라 네가 현숙한 여자인 줄을 나의 성읍 백성이 다 아느니라 참으로 나는 기업을 무를 자이나 기업 무를 자로서 나보다 더 가까운 사람이 있으니 이 밤에 여기서 머무르라 아침에 그가 기업 무를 자의 책임을 네게 이행하려 하면 좋으니 그가 그 기업 무를 자의 책임을 행할 것이니라 만일 그가 기업 무를 자의 책임을 네게 이행하기를 기뻐하지 아니하면 여호와께서 살아 계심을 두고 맹세하노니 내가 기업 무를 자의 책임을 네게 이행하리라 아침까지 누워 있을지니라 하는지라   (룻 3:1-13)

제가 해 보고 싶은 것 중 하나는 이스라엘에 가서 한 석 달만 살아보는 것입니다. 군목으로 근무할 때 이스라엘 성지 연구라는 교육 파견 프로그램에 선발이 되어서 한 달 반 정도 살아 본 적이 있었습니다. 그때 참 유익한 시간을 보낼 수 있었습니다. 성경에 나와 있는 중요한 지역들을 장병들을 위한 교육적 의미에 중점을 두고 둘러 볼 수 있었습니다.

그때 미처 다 둘러보지 못한 일들도 있고 다시 살아 볼 기회가 주어진다면 이번에는 유대교적 전통으로 살아가는 유대인들의 모습에 대해 좀 더 구체적으로 경험해 보고 싶습니다. 그러려면 시간적 여유를 비롯해서 기본적인 생활비를 잘 준비해야 할 것 같습니다.

사람이 먹고 자는 문제부터 해결이 되지 않으면 살아가는 데 참 많은 불편이 따르게 되고, 그렇게 되면 또 다른 삶의 목적을 추구하는데 많은 제약이 있을 것입니다. 꿈도 있고 하고 싶은 일들도 많지만, 경제적인 기반을 무시하고서는 쉽게 도전하기가 현실적으로 어렵다는 말입니다.

고향으로 돌아온 나오미와 룻이 보아스가 마련해 준 일자리로 인해 적어도 추수 기간은 걱정할 것이 없어졌습니다. 충분히 주울 수 있게 된 이삭과 일하는 데 차별과 불편함 없이 배려해 주는 사람들의 도움이 있기 때문입니다.

"룻의 시어머니 나오미가 그에게 이르되 내 딸아 내가 너를 위하여 안식할 곳을 구하여 너를 복되게 하여야 하지 않겠느냐"(룻 3:1).

먼저 나오미는 룻을 위해 안식할 곳을 구해야겠다고 말합니다. 다시 말하면 지금은 당장 먹고사는데 어려움을 극복했지만 안식할 곳이 안 된다는 말입니다. 지금 누리는 이 작은 여유는 영원한 안식이 될 수 없다는 말입니다. 나오미가 말하는 안식이란 어떤 의미일까요?

이것은 단순히 쉴 자리가 아니라 행복을 누리며 살아갈 자리를 말합니다. 좀 더 현실적으로 표현하자면 나오미는 룻이 새로운 가정을 꾸려 안정되게 살기를 원한다는 말입니다.

우리가 살아가면서 염려 근심 걱정이 떠나지 않는 것은 안정되지 못했기 때문입니다. 그래서 불안한 것입니다. 요즘 코로나19로 인해 어려움을 겪는 개인사업하시는 분들이나 소상공인들은 아무래도 버틸 힘이 넉넉하지 않기 때문에 더더욱 힘들 것입니다. 물론 큰 기업도 어려움이 있을 것입니다. 그래서 다들 안정적인 사업을 하고 싶어 하는 것입니다.

그러므로 이제 나오미는 룻이 새로운 남편을 만나 결혼을 해서 안정적인 삶을 살아갈 수 있도록 적극적으로 나서겠다고 말하는 것입니다. 하지만 그렇다고 쉽게 아무 남자를 만나게 하고 결혼하라고 할 수는 없는 일입니다. 이방에서 온 여인이요, 이미 한 번 결혼했다가 남편을 잃은 룻의 여러 가지 상황들을 이해하고 사랑해 줄 사람을 만나야 합니다.

나오미는 구체적인 계획을 일러줍니다.

"네가 함께 하던 하녀들을 둔 보아스는 우리의 친족이 아니냐 보라 그가 오늘 밤에 타작 마당에서 보리를 까불리라"(룻 3:2).

나오미는 다시 한번 보아스가 친족임을 말합니다. 이것이 보아스와 룻이 만날 이유가 되는 것입니다. 즉 예전에는 나오미에게 아들이 없어서 룻에게 더 이상 배필을 줄 수 없기 때문에 만일 룻이 결혼을 하고자 한다면 완전히 다른 집안의 남자를 만나야 하지만, 보아스는 가알법(가알 또는 고엘법, 즉 상속자(아들) 없이 죽은 형제의 이름이 이스라엘에서 끊어지지 않도록 가족이나 가까운 친족의 형제가 죽은 형제의 아내에게 장가들어 상속자를 낳아 죽은 형제의 이름을 잇게 하는 제도이다)에 해당하는 혼인이 된다는 것입니다.

나오미의 이러한 제안에 룻은 이번에도 아무 말도 안 하고 순종합니다. 예전에 모압 땅에 있을 때 재혼 문제에 대해 완강하게 거부하고 어머니를 따라왔는데 지금은 거부하지 않는 것입니다. 이러한 반응은 룻도 만일 나오미의 집안 친족 중에 자신을 아내로 맞을 사람이 있다면 당연히 그에게 시집갈 수 있음을 이해하고 있는 것입니다.

이제 나오미가 룻을 시집보내기 위한 본격적인 작전을 시작합니다. 먼저 오늘 밤은 타작마당에서 추수를 마치면 보리를 까부르는 일을 할 것이라고 알려줍니다. 보리를 까부르는 것은 바람으로 키질을 해서 알곡을 모으는 작업입니다. 나오미는 기회를 본 것입니다.

"그런즉 너는 목욕하고 기름을 바르고 의복을 입고 타작마당에 내려가서 그 사람이 먹고 마시기를 다하기까지는 그에게 보이지 말고"(룻 3:3).

혼자가 된 여인이 새 남자를 맞이하기 위해 목욕을 하고 의복을 단장하는 모습은 자칫 부끄러울 수 있는 일입니다. 하지만 룻은 이 모든 부끄러움을 이겨내고 묵묵히 순종합니다. 나오미의 말대로 안식할 수 있다면 기꺼이 감당하는 것입니다.

예수님을 만나러 나온 사람 중에는 부끄러움을 무릅쓰고 나오는 사람들이 많습니다.

마태복음 15장을 보면 딸의 문제를 가지고 예수님께 나아와 간청하는 가나안 이방 여인의 이야기가 나옵니다. 당시 이방 여인은 유대인들에게 개 취급을 받는 신분이었습니다(마가복음 7

장을 보면 이 여인은 시민권을 가진 헬라인이요, 수로보니게 족속으로 나타납니다).

그런데도 이 여인이 예수님 앞으로 뛰어들어 간청하지만 예수님은 아무 말씀을 하지 않습니다. 그러나 이 여인이 포기하지 않고 계속해서 소리 지르며 간청하자 예수님이 말씀하십니다.

"대답하여 이르시되 자녀의 떡을 취하여 개들에게 던짐이 마땅하지 아니하니라"(마 15:26).

예수님은 이 여인을 개에 비유하여 말씀하신 것입니다. 하지만 이 여인은 딸이 귀신들려 죽어가는 마당에 그 정도의 수치를 당하는 것을 개의치 않습니다. 오히려 자신을 개같이 취급해도 좋으니 은혜의 부스러기라도 달라고 간구하는 것입니다. 예수님은 이 여인의 모습을 보고 믿음이 크다고 칭찬하시며 그녀의 아픔인 딸의 귀신들린 문제를 깨끗이 고쳐 주십니다.

이 외에도 백부장을 비롯해서 혈루증 앓던 여인 등 많은 사람이 자신을 내려놓고 주님 앞에 나와 고침을 받고 문제를 해결한 것을 볼 수가 있습니다.

나오미는 룻을 준비시킵니다.

나오미는 룻에게 목욕하고 기름을 발라 예쁘게 꾸미고 옷도 아름답게 입으라고 합니다. 그리고 아무도 모르게 그 타작마당에 가서 숨어 있으라는 것입니다. 그리고는 보아스가 취해 잠들 때까지 기다렸다가 그가 잠자는 자리로 찾아가라는 것입니다.

얼핏 보면 이것은 굉장히 부도덕한 일로 보입니다. 하지만 이것은 앞서 말한 가알에 의한 혼인의 풍습을 알면 이해가 됩니다. 즉 이 혼인은 무조건적인 것이 아니라 여인 측에서 희망해야 한다는 전제가 있는 것입니다. 그러므로 오늘 룻의 이러한 행동은 충분히 가능한 일입니다.

나오미는 룻에게 보아스에게 가서 청혼하라는 것입니다. 그런데 보아스의 인품을 보니 무턱대고 청할 것이 아니라는 것입니다. 혹시라도 보아스가 거절할 수도 있기 때문에 그럴 경우를 대비해서 은밀하게 진행하는 것입니다. 만일 일이 잘못되면 룻도 부도덕한 여인이 될 수 있고 보아스 역시 책임을 회피

한 사람이 되기 때문입니다.

나오미는 보아스를 생각하고 룻을 생각하는 것입니다. 그러면 보아스가 룻의 청혼을 듣고 그다음 어떻게 할지 알려 줄 것이라는 말입니다.

이에 룻은 나오미의 말에 순종합니다. 룻은 보아스의 잠자리로 찾아가 발치에 누웠습니다. 보아스는 자다가 룻이 있는 것을 알고 무척 놀라게 됩니다.

"이르되 네가 누구냐 하니 대답하되 나는 당신의 여종 룻이오니 당신의 옷자락을 펴 당신의 여종을 덮으소서 이는 당신이 기업을 무를 자가 됨이니이다 하니"(룻 3:9).

여러분들은 청혼할 때 어떤 표현을 하셨습니까? 인터넷을 검색하니 청혼할 때 사용하는 몇 나라의 표현이 있었습니다.

스웨덴의 표현은 "나는 그대의 프라이팬에서 녹는 한 조각 버터가 되고 싶습니다."

나미비아는 "우리가 아끼는 염소의 젖을 영원히 함께 짜요."
일본은 "당신이 만들어 주는 음식을 먹고 싶소."
스페인은 "내가 가진 모든 것은 이제 당신의 것입니다."

룻은 "당신의 옷자락을 펴서 여종을 덮어달라"라고 말합니다. 이러한 표현은 상징적인 표현으로 자기의 일생을 보호해 달라는 의미입니다. 즉 룻이 보아스에게 청혼하는 내용입니다.

이제 보아스의 대답이 궁금합니다.

"그가 이르되 내 딸아 여호와께서 네게 복 주시기를 원하노라 네가 가난하건 부하건 젊은 자를 따르지 아니하였으니 네가 베푼 인애가 처음보다 나중이 더하도다 그리고 이제 내 딸아 두려워하지 말라 내가 네 말대로 네게 다 행하리라 네가 현숙한 여자인 줄을 나의 성읍 백성이 다 아느니라"(룻 3:10~11).

먼저 보아스가 룻을 칭찬합니다.
이유는 룻이 욕정을 위했다면 이미 젊은 사람을 따라갔을 텐데 그렇지 않고 대를 이어갈 수 있도록 집안을 생각하고 시어머니를 생각하는 마음으로 보아스를 찾았다는 것이 귀하다는 것입니다.

보아스는 룻의 이러한 행동이 유대인의 풍습에 의한 것이고 정숙하지 못한 일이 아니니 부끄러워하지 말라고 위로합니다. 룻의 현숙함을 성읍 백성 모두가 알기 때문입니다.

그런데 문제가 있다는 것입니다.

"참으로 나는 기업을 무를 자이나 기업 무를 자로서 나보다 더 가까운 사람이 있으니"(룻 3:12).

보아스보다 이 풍습에 있어서 엘리멜렉 집안과 더 가까운 사람이 있다는 것입니다.

'기업을 무를 자'라는 히브리어가 '가알' 또는 '고엘'이라는 단어입니다. 보아스보다 이러한 가알의 권한이 더 앞선 사람이 있다는 것입니다. 그러니 룻이 얼마나 난감하겠습니까?

여기에 보아스의 자상함과 깊은 배려심이 다시 한번 나타납니다.

"이 밤에 여기서 머무르라 아침에 그가 기업 무를 자의 책임을 네게 이행하려 하면 좋으니 그가 그 기업 무를 자의 책임을 행할 것이니라 만일 그가 기업 무를 자의 책임을 네게 이행하기를 기뻐하지 아니하면 여호와께서 살아 계심을 두고 맹세하노니 내가 기업 무를 자의 책임을 네게 이행하리라 아침까지 누워 있을지니라 하는지라"(룻 3:13).

보아스는 밤에 움직이지 않도록 룻을 보호합니다. 그리고 우선 권한이 있는 가알을 찾아 물어볼 텐데 그가 조금이라도 기뻐하지 않으면 자신이 룻을 보호하겠다는 다짐을 합니다. 끝까지 책임지겠다는 것입니다.

룻을 안식할 곳을 찾아 복되게 하려는 나오미의 계획이 이뤄지고 있습니다. 룻이 나오미의 마음을 알고 기꺼이 순종하였더니 보아스의 품 안에 있게 된 것입니다. 룻이 보아스의 품 안에서 안식을 찾은 것처럼 우리가 회복해야 할 자리도 안식의 자리요, 평안을 누리며 행복을 꿈꾸는 자리입니다.

지금 우리는 코로나라는 전염병으로 참 많은 것들을 겪고 있습니다. 우선 그동안 함께했던 많은 사람과의 관계가 단절되었으며, 또한 여러 분야가 위축되고 제한됨으로 경제적으로도 큰 타격을 입었습니다. 특히 하나님 앞에 마음껏 나아가 예배하기도 어려워졌습니다. 마치 나오미와 룻이 약속의 땅이 아닌 타국에서 가족들을 잃어버리고 빈털터리가 된 것과 다를 바가 없는 상황이 벌어진 것입니다. 그런데 나오미와 룻은 모든 아픔을 이겨내고 새로운 안식을 얻을 수 있는 길이 보아스를 만나는 것임을 알았습니다. 그래서 기꺼이 보아스를 찾아가고 있습니다. 룻이 하나님의 은혜로 만나는 보아스의 품은 곧 예수님의 품을 말하는 것입니다.

예수님께서는 수고하고 무거운 짐을 가진 사람들에게 그 품 안으로 오라고 하셨습니다. 그러므로 우리가 예수님의 품으로 들어서고자 한다면 주님은 우리를 꼭 품어 주십니다. 룻이 누리게 되는 안식처럼 우리도 주님의 품 안에서 모든 어려움을 떨쳐내고 안식하며 회복의 은혜를 누릴 수 있는 것입니다.

룻을 향한
보아스의 열심

룻기 강해
회복의 은혜

"이에 시어머니가 이르되
내 딸아 이 사건이 어떻게 될지
알기까지 앉아 있으라
그 사람이 오늘 이 일을 성취하기 전에는
쉬지 아니하리라 하니라"(룻 3:18).

룻을 향한 보아스의 열심

룻이 새벽까지 그의 발치에 누웠다가 사람이 서로 알아보기 어려울 때에 일어났으니 보아스가 말하기를 여인이 타작 마당에 들어온 것을 사람이 알지 못하여야 할 것이라 하였음이라 보아스가 이르되 네 겉옷을 가져다가 그것을 펴서 잡으라 하매 그것을 펴서 잡으니 보리를 여섯 번 되어 룻에게 지워 주고 성읍으로 들어가니라 룻이 시어머니에게 가니 그가 이르되 내 딸아 어떻게 되었느냐 하니 룻이 그 사람이 자기에게 행한 것을 다 알리고 이르되 그가 내게 이 보리를 여섯 번 되어 주며 이르기를 빈 손으로 네 시어머니에게 가지 말라 하더이다 하니라 이에 시어머니가 이르되 내 딸아 이 사건이 어떻게 될지 알기까지 앉아 있으라 그 사람이 오늘 이 일을 성취하기 전에는 쉬지 아니하리라 하니라 보아스가 성문으로 올라가서 거기 앉아 있더니 마침 보아스가 말하던 기업 무를 자가 지나가는지라 보아스가 그에게 이르되 아무개여 이리로 와서 앉으라 하니 그가 와서 앉으매 보아스가 그 성읍 장로 열 명을 청하여 이르되 당신들은 여기 앉으라 하니 그들이 앉으매 보아스가 그 기업 무를 자에게 이르되 모압 지방에서 돌아온 나오미가 우리 형제 엘리멜렉의 소유지를 팔려 하므로 내가 여기 앉은 이들과 내 백성의 장로들 앞에서 그것을 사라고 네게 말하여 알게 하려 하였노라 만일 네가 무르려면 무르려니와 만일 네가 무르지 아니하려거든 내게 고하여 알게 하라 네 다음은 나요 그 외에는 무를 자가 없느니라 하니 그가 이르되 내가 무르리라 하는지라 보아스가 이르되 네가 나오미의 손에서 그 밭을 사는 날에 곧 죽은 자의 아내 모압 여인 룻에게서 사서 그 죽은 자의 기업을 그의 이름으로 세워야 할지니라 하니 그 기업 무를 자가 이르되 나는 내 기업에 손해가 있을까 하여 나를 위하여 무르지 못하노니 내가 무를 것을 네가 무르라 나는 무르지 못하겠노라 하는지라 (룻 3:14-4:6)

논산 훈련소 입소대대에서 근무할 때입니다. 군에 막 입대한 청년들(군에서는 장정이라고 부름)이 입대하기 위해 필요한 각종 검사와 준비를 하는 부대입니다. 짧게는 4일 정도에서 길게는 일주일 이상 머물다 훈련소로 가게 됩니다. 어떻게 보면 짧은 순간이지만 장정들에게는 엄청나게 긴장이 되는 기간입니다.

간혹 이 과정에서 신체적인 질병 등의 문제로 다시 집으로 돌아가는 사람들도 있습니다. 물론 일정 기간 후에 다시 입대해서 똑같은 과정을 거친 후 신병 훈련을 받고 군생활을 시작하게 됩니다. 저는 짧은 기간이지만 주일과 수요일에 그들과 함께 예배를 드렸습니다.

특히 주일을 이곳에서 지내는 병사들은 주중보다 훨씬 숫자가 많습니다. 예배당 앞에 모여든 수백에서 때로는 2천 명이 넘는 청년들을 맞이하는 순간은 정말 가슴이 뛰는 시간입니다.

예배가 끝나고 나면 그 유명한 초코파이를 간식으로 주게 됩니다. 군에서 먹는 초코파이는 사회에서 먹던 맛하고는 완전히 다르게 느껴집니다. 한 마디로 무슨 조미료를 넣었는지, 아니면 중독시키는 약을 넣은 것처럼 장정들이 너무도 좋아합니다. 어떤 사람들은 우스갯소리로 초코파이 하나라도 더 준다면 종교도 바꾼다고 이야기를 할 정도입니다.

예배당 안에서는 워낙 다닥다닥 붙어 앉아 있기 때문에 교회 앞마당에 앉아서 간식을 나눠 주곤 합니다. 사실 떨어진 초콜릿 부스러기는 청소하기가 어려워서 이렇게 진행하기도 합니다.

길게 앉아 있는 장정들에게 인원에 맞게 박스에 초코파이를 담아서 뒤로 전달시킵니다, 그러면 하나씩 자기 것을 빼가고 뒤로 넘기는 것입니다. 그런데 참 이상하게 분명히 넉넉하게 담아서 전달했음에도 불구하고 저 뒤쪽에 가면 초코파이가 모자란다고 손을 듭니다. 그때 빨간 모자를 쓴 조교의 굵직한 한마디가 울려 퍼집니다.

"두 개 빼낸 사람 뒤로 전달합니다."

그러면 어디선가 다시 중간중간에서 초코파이의 이동이 시작됩니다. 물론 끝까지 모자란 곳은 다시 채워져 줍니다. 그때

인솔하고 온 조교가 한마디 더 합니다.

"여기는 교회입니다. 양심을 속이면 안 됩니다."

지금 생각해 봐도 울림이 있는 한마디입니다.

신앙생활하면서 믿음대로 산다는 것은 쉬운 일이 아닙니다. 말한 대로 행동한다는 것이 쉬운 일이 아닙니다. 어쩌면 100%, 말한 대로 행동하는 것은 인간으로 불가능한 일일 것입니다. 인간의 연약성 때문입니다.

1978년 사회 심리학자 존 달리(John Darley)와 대니얼 베이트슨(Daniel Bateson)은 신학대학 학생들을 대상으로 실험을 진행했습니다.

선정된 신학생 절반에게 선한 사마리아인의 주제를 놓고 설교하게 하였습니다. 내용은 어려움을 당한 사람에게 자비를 베푸는 것입니다. 어떤 사람이 예루살렘에서 여리고로 내려가다가 강도를 만났습니다. 강도들이 그 옷을 벗기고 때려 거의 죽은 것을 버리고 갔습니다. 이때 마침 한 제사장이 그 길로 내려가다가 그를 보았지만 피하여 지나갔습니다. 그 후에 레위인이 지나갔습니다. 그도 그를 보고 피하여 지나갔습니다. 그런데 당시 멸시와 천대를 받던 사마리아 사람이 지나가다 그를 불쌍히 여겨 치료해주고 자기 짐승에 태워 주막으로 데리고 가서 돌보아 주었습니다. 그에게 자비를 베풀어 준 것입니다. 이것을 예수님이 칭찬하신 내용입니다.

이런 설교를 준비하였기 때문에 그들은 그 말씀을 보고 그렇게 살 것으로 기대했습니다. 나머지는 이와 관계없는 설교 과제를 주었습니다.

이들은 설교를 다 준비하고 설교하러 예배당으로 갑니다. 실험자들은 설교를 준비한 사람들의 행동을 보기 위해 그 길가에 강도에게 습격당한 듯이 보이는 사람을 쓰러져 있도록 연출을 하였습니다. 그리고 이들이 쓰러진 사람을 얼마나 도와주는가를 보았습니다.

결과는 놀랍게도 도움을 주는 행동의 기준은 알고 있는 지식의 문제가 아니고 시간의 문제였습니다. 설교 시간에 쫓기는 그룹의 학생 중 10%만이 도움을 주는 행동을 하였고, 시간이 적당히 있는 그룹의 학생 40%, 시간적 여유가 있는 그룹의 학생은 63%가 도움을 주는 행동을 한 것입니다. 연구자들은 자기가 처한 상황에 따라 행동이 달라지는 것을 알게 된 것입니다. 즉 단순히 바쁘면 남을 못 돕는다는 것보다는 남에게 설파하는 가치관과 자신의 삶에 적용하는 가치관 사이에는 상황에 따라 달라질 수 있음을 알게 한 실험이었습니다.

룻의 도움을 요청받은 보아스는 끝까지 약속을 지키려는 신앙인의 품격을 잘 보여 주고 있습니다. 룻을 위해 끝까지 배려하고 책임을 다하는 보아스이 이야기입니다.

"이에 시어머니가 이르되 내 딸아 이 사건이 어떻게 될지 알기까지 앉아 있으라 그 사람이 오늘 이 일을 성취하기 전에는 쉬지 아니하리라 하니라"(룻 3:18).

룻과 의도치 않게 밤을 보내게 된 보아스는 룻을 새벽까지 보호합니다. 그리고 사람이 없을 때 돌려보냅니다. 이때도 보아스는 룻을 배려합니다. 겉옷을 펴게 한 후 충분한 곡식을 담아 줍니다. 이것은 룻이 거절당하지 않았다는 증거입니다. 또한, 나오미에게는 룻을 책임지겠다는 의미로 보내는 것입니다.

나오미는 이것을 알아채고 이렇게 말합니다.

"그 사람이 오늘 이 일을 성취하기 전에는 쉬지 아니하리라"(룻 3:18).

성경은 바로 이어서 보아스가 룻을 책임지기 위해 필요한 일을 진행하는 모습을 기록합니다.

"보아스가 성문으로 올라가서 거기 앉아 있더니 마침 보아스가 말하던 기업 무를 자가 지나가는지라 보아스가 그에게 이르되 아무개여 이리로 와서 앉으라 하니 그가 와서 앉으매"(룻 4:1).

보아스가 사회적으로도 유력한 지위에 있음을 알 수 있습니다. 성문에서 백성들의 어려움을 듣고 해결해 주는 재판관의 일을 하고 있는 것입니다. 이것은 보아스가 룻을 돕기 위해 해결해야 할 문제를 풀기 위해 그 직책을 활용하여 일을 진행하는 것입니다.

사람이 살아가면서 가장 많이 듣게 되는 단어가 있다면 그중 하나가 '열심'이라는 말일 것입니다. 우리는 어려서부터 지금에 이르기까지 모든 곳, 모든 것에서 "열심히!"라는 주문을 받으며 살았습니다. 열심히 공부하라는 말부터 쉼 없이 열심히 하라는 말을 들었습니다.

인간의 삶에 있어서 '열심'이라는 말은 곧 성공의 키워드이며 또한 그것이 우리가 할 수 있는 가장 건강하고 바람직한 삶의 자세라고 생각하기 때문입니다. 우리가 살아가는데 있어서 열심은 반드시 필요한 것입니다. 열심은 자신에게 최선을 다하는 것이고, 자신에게 주어진 것에 정당하게 노력하는 것입니다. 열심은 아름다운 땀 흘림입니다. 공짜의 요행이나 막연한 대가를 바라지 않는 당당함입니다. 그러므로 '열심'은 참 좋은 단어입니다.

그러나 '열심' 위에 더 중요한 것이 있습니다. 그것은 '하나님의 도우심'입니다. 하나님의 도우심이 있어야 합니다. 열심히 달려와도 홍해 바다를 만날 수 있습니다. 하지만 하나님의 도우심이 있다면 바다를 가르고서라도 건너가는 것입니다.

룻을 도우시는 하나님의 손길을 알 수 있습니다.

그때 마침 기업 무를 자가 지나갑니다. 이것 또한 우연이라고 말하기 어려운 시점입니다. 룻이 우연히 보아스의 밭에 가고, 마침 보아스가 밭에 옴으로 룻을 만나게 되고, 지금 룻의 문제를 풀어야 할 때 딱 맞게 필요한 사람이 나타납니다. 룻을 위해 모든 것이 돌아갑니다.

이것이 바로 때를 따라 돕는 하나님의 은혜입니다.

"여호와께서 너희의 땅에 이른 비, 늦은 비를 적당한 때에 내리시리니 너희가 곡식과 포도주와 기름을 얻을 것이요"(신 11:14).

보아스는 장로 증인 10명을 세우고 기업 무를 자에게 그 의지를 묻게 됩니다.

"보아스가 그 기업 무를 자에게 이르되 모압 지방에서 돌아온 나오미가 우리 형제 엘리멜렉의 소유지를 팔려 하므로"(룻 4:3).

나오미는 죽은 남편 엘리멜렉이 남겨 준 땅을 팔려고 합니다. 그렇다면 친족이 그것을 다시 사서 되돌려 주어야 합니다. 기업을 무르다는 말이 가알 또는 고엘 이라는 단어로 친족이 갖는 권리이자 의무인 것입니다.

보아스는 우선 기업 무를 자에게 나오미의 그 땅을 도로 사 줄 수 있을지를 묻습니다. 만약 그럴 의지가 없다면 그다음 기업 무를 책임 있는 자신에게 알려 달라는 것입니다.

처음에는 이 사람이 가알의 권리를 갖겠다고 말합니다. 학자들은 어차피 땅은 희년이 되면 원래 주인에게 돌려주어야 하므로 비싸게 사고팔 수 없다고 말합니다. 그래서 큰 부담이 되지 않았을 것으로 말합니다.

문제는 그다음입니다. 보아스는 만약 땅을 사게 되면 룻에 대한 책임도 함께 가져가야 하는데 엘리멜렉 집안 땅의 원래 상속자인 룻의 남편이 없으므로 룻이 아들을 낳을 수 있도록 한 후에 룻의 남편의 이름으로 그 아들에게 물려주어야 한다는 것입니다.

그러자 이 기업 무를 자의 마음이 바뀝니다.
처음에는 큰 부담 없이 불쌍한 친족을 돕는다고 나섰지만, 부담이 커지는 것입니다. 룻을 책임져야 하고 그 아들이 상속받을 때까지 책임을 져야 한다는 부담이 무겁게 느껴진 것입니다. 결국, 그러다가 자기에게 손해가 날 것 같다는 것입니다. 그러므로 가알의 권리를 보아스에게 넘기겠다고 말합니다.

이것이 그 당시 이스라엘의 신앙 상태였던 것입니다. 본래 가알은 의무였습니다. 하지만 사사기를 거치며 사람들은 힘들고 어려운 부분들은 자기들이 편한 대로 바꿔서 그 명맥만 유지한 것입니다. 가알의 의무를 선택할 수도 있고 포기할 수도 있었던 것입니다. 그래서 룻기에서는 이 기업 무를 자의 이름을 굳이 밝히지 않고 있습니다. 단지 이 사람만의 문제가 아니었기 때문입니다.

그러면 오늘날 한국교회의 신앙 상태는 어떠하며, 우리들의 신앙 상태는 어떠한지 돌아보아야 합니다. 겉으로는 누구나 다 신앙인 같고, 겉으로는 말씀에 대한 지식이 그 어느 때보다도 풍부합니다. 그동안 많은 공부와 훈련을 통해 복음을 전하며 복음으로 사는 것 같은데, 믿는 것과 아는 것과 사는 것이 얼마나 일치하는지 돌아보아야 합니다.

믿는 것과 아는 것과 사는 것이 어떤지, 그것이 언제 드러나게 됩니까?

자기 자신에게 손해가 올 때 본색이 드러나게 되는 것입니다. 첫 번째 기업 무를 자는 처음에는 율법을 순종하는 것 같이 보였지만 나중에 자기 자신의 기업에 손해가 오게 되니까 포기하고 있는 것입니다.

예수님을 환영하며 찬양했던 수많은 무리가 막상 자신들이 생각하는 목적이 이뤄지지 않으니 예수님을 십자가에 못 박으라고 외쳤던 것입니다. 자기 자신에게 유익이 되지 않고 손해가 다가올 때 예수님도 다 내팽개치는 것입니다. 이것이 곧 예수를 믿어도 자기 자신을 위해 믿는다는 말입니다.

결국, 보아스가 원하던 대로 룻에 대한 모든 권리가 보아스에게로 넘어옵니다.

"그 기업 무를 자가 이르되 나는 내 기업에 손해가 있을까 하여 나를 위하여 무르지 못하노니 내가 무를 것을 네가 무르라 나는 무르지 못하겠노라 하는지라"(룻 4:6).

일은 이렇게 마무리됩니다. 보아스가 룻을 합법적으로 책임지게 된 것입니다.

결국, 하나님은 사랑하는 룻을 위해 모든 것이 움직이게끔 하셨습니다. 그러므로 우리가 하나님의 사랑을 믿고 말씀 안에서 산다고 하면 조금만 더 기다려 볼 수 있기를 바랍니다. 하나님은 반드시 그 사랑하는 자녀를 그냥 두지 않으시고 회복시켜 주실 것입니다. 회복시키시는 하나님의 은혜가 함께 하시기를 축복합니다.

룻기 강해
회복의 은혜

복을 받은
룻과 보아스

룻기 강해
회복의 은혜

보아스는 이제 모든 사람 앞에서
공개적으로 룻과 결혼하겠다고 발표합니다.
그리고 자기와 룻 사이에서 낳은 자식을
엘리멜렉 가문에 입적시켜서
엘리멜렉 가문의 대가 끊어지지 않게 하겠다고
선포하는 것입니다.

복을 받은 룻과 보아스

　옛적 이스라엘 중에는 모든 것을 무르거나 교환하는 일을 확정하기 위하여 사람이 그의 신을 벗어 그의 이웃에게 주더니 이것이 이스라엘 중에 증명하는 전례가 된지라 이에 그 기업 무를 자가 보아스에게 이르되 네가 너를 위하여 사라 하고 그의 신을 벗는지라 보아스가 장로들과 모든 백성에게 이르되 내가 엘리멜렉과 기룐과 말론에게 있던 모든 것을 나오미의 손에서 산 일에 너희가 오늘 증인이 되었고 또 말론의 아내 모압 여인 룻을 사서 나의 아내로 맞이하고 그 죽은 자의 기업을 그의 이름으로 세워 그의 이름이 그의 형제 중과 그 곳 성문에서 끊어지지 아니하게 함에 너희가 오늘 증인이 되었느니라 하니 성문에 있는 모든 백성과 장로들이 이르되 우리가 증인이 되나니 여호와께서 네 집에 들어가는 여인으로 이스라엘의 집을 세운 라헬과 레아 두 사람과 같게 하시고 네가 에브랏에서 유력하고 베들레헴에서 유명하게 하시기를 원하며 여호와께서 이 젊은 여자로 말미암아 네게 상속자를 주사 네 집이 다말이 유다에게 낳아준 베레스의 집과 같게 하시기를 원하노라 하니라 (룻 4:7-12)

보아스는 룻에 대한 사랑과 정성으로 가알의 권한을 이어받습니다. 보아스에게 가알의 권한을 넘겨준 친족은 아마도 룻을 아내로 맞이하기에는 많은 제약이 있었던 것으로 보입니다. 이미 결혼을 해서 자녀들이 있고 그로 인해 지켜야 할 가정과 재산이 있었던 것으로 보입니다. 그러므로 자신에게 손해, 즉 어려움이 올 것으로 생각해서 보아스에게 가알의 책임을 넘긴 것입니다.

이제 보아스가 법적으로 확정합니다. 그리고 룻과 결혼하여 이뤄 갈 복된 역사를 설명합니다. 장로들과 백성들이 축복하는 장면입니다.

"옛적 이스라엘 중에는 모든 것을 무르거나 교환하는 일을 확정하기 위하여 사람이 그의 신을 벗어 그의 이웃에게 주더니 이것이 이스라엘 중에 증명하는 전례가 된지라"(룻 4:7).

이스라엘 백성은 남다른 독특한 전통을 가지고 있었습니다. 그중에 하나가 신을 벗는 전통입니다. 신을 벗는다는 것은 권리를 포기하겠다는 약속의 표시였습니다. "이것이 이스라엘 중에 증명하는 전례가 된지라." 이 구절은 다시 한번 권리를 양도하는 의식의 중요성, 엄숙성을 강조해주고 있습니다. 그렇게 하는 것이 일을 확증하는 이스라엘의 전례입니다. 그렇게 해야 법적인 효력이 나타나는 것입니다.

"이에 그 기업 무를 자가 보아스에게 이르되 네가 너를 위하여 사라 하고 그의 신을 벗는지라"(룻 4:8).

그러므로 나오미의 친족인 아무개가 신을 벗었다고 하는 것은 자신이 룻에 대하여 가지고 있는 권리를 포기하고 보아스에게 양도한다는 뜻입니다.

본래 신명기 25장을 보면 가알의 권한을 포기하는 의미로 신을 벗는 일은 부끄러운 일임을 분명히 밝히고 있습니다.

"그의 형제의 아내가 장로들 앞에서 그에게 나아가서 그의 발에서 신을 벗기고 그의 얼굴에 침을 뱉으며 이르기를 그의 형제의 집을 세우기를 즐겨 아니하는 자에게는 이같이 할 것이라 하고 이스라엘 중에서 그의 이름을 신 벗김 받은 자의 집이라 부를 것이니라"(신 25:9~10).

이스라엘에서는 남편이 죽었을 때 남편의 형제가 그 아내를 취하여 죽은 형제의 후사를 이어가야 했지만, 만약 형제가 그 일을 원하지 않으면 죽은 형제의 아내가 장로들 앞에서 그의 발에서 신을 벗기고 그 얼굴에 침을 뱉으면서 "그의 형제의 집을 세우기를 즐겨 아니하는 자에게는 이같이 할 것이라"라고 외쳤고, 이스라엘 내에서는 '신 벗김 받은 자의 집'이라는 즉 형제의 어려움을 돌보지 않는 집안이라는 부끄러운 칭함을 받았습니다 그런데 세월이 흐르며 이 가알 제도가 상당히 완화된 것입니다. 선택의 자유가 주어지고 거부해도 이를 크게 부끄러워하지 않는 것입니다. 신앙이 편리한 대로 바뀌었다는 것입니다.

하지만 보아스는 적극적으로 그 제도를 받고자 합니다. 다른 사람들은 손해가 되거나 자신에게 불리하면 온갖 피할 권리를 찾아냈지만, 보아스는 무거운 짐이더라도 그 말씀을 자신의 일로 받고자 합니다. 이것이 하나님의 은혜가 그의 집에 임하는 이유이고 차이입니다.

신앙생활에는 적극성이 필요합니다. 하나님의 은혜의 자리에는 적극적으로 참여해야 합니다.

바울도 "너희 몸을 하나님이 기뻐하시는 거룩한 산 제물로 드리라 이는 너희가 드릴 영적 예배니라(롬 12:1) 부지런하여 게으르지 말고 열심을 품고 주를 섬기라(롬 12:11)"라고 말합니다.

보아스의 열심이 하나님의 복을 가져온 것입니다.

"보아스가 장로들과 모든 백성에게 이르되 내가 엘리멜렉과 기룐과 말론에게 있던 모든 것을 나오미의 손에서 산 일에 너희가 오늘 증인이 되었고"(롬 4:9).

 살다 보면 나름 선하고 좋은 일을 하면서도 공연히 비난을 받게 될 때가 있습니다.

 제가 군에 있을 때 훈련 기간에 부대에 잔류하여 부대를 지키고 관리하는 장병들을 위문한 적이 있습니다. 잔류하는 부대 지휘를 부 지휘관께서 하실 때였습니다. 평소 많은 부대원이 근무하며 지키던 울타리를 소수의 인원이 감당해야 하기에 훈련에 직접 뛰어든 부대원들만큼은 못하더라도 나름대로 고생을 하는 것이 잔류부대입니다.
 저는 잔류 부대원들도 고생한다 싶어서 위문하기로 했습니다. 특별한 생각 없이 장병들을 찾아가 간식도 나눠주고 위로의 말과 함께 기도해 주고 돌아왔습니다. 그런데 부 지휘관께서는 서운해하신다는 것입니다.

 평소에는 날마다 일일 회의가 있어서 군목의 활동을 지휘관에게 종종 보고합니다. 하지만 훈련 중이라 잔류부대의 회의는 생각하지 못했던 것입니다. 그래서 본의 아니게 부 지휘관께서는 보고를 못 한 꼴이 되었습니다. 부 지휘관께서는 전화로라도 자신에게 미리 알려주지 않았다고 섭섭해하신 것입니다. 저도 '아차' 싶었습니다. 그래서 뒤늦게 찾아가 차 한잔 나누며 이런저런 이야기로 풀어 드린 적이 있습니다.

그러므로 우리는 할 수 있는 대로 아무리 옳은 일이라도 다른 사람에게 불편함이나 오해가 일어나지 않도록 조건을 충분히 갖춘 후에 하는 것이 좋습니다.

보아스는 룻과의 결혼을 위해 장로들과 모든 백성을 증인으로 세웠습니다. 나중에 누구도 시비 걸지 않도록, 법적인 문제가 일어나지 않도록 정확하게 처리한 것이었습니다. 법적인 문제는 언제나 분명하게 하는 것이 좋습니다. 대충하다가 크게 낭패를 당할 수도 있습니다. 그러므로 보아스는 모든 법적인 절차를 깔끔하게 마무리 지었습니다.

법적인 문제가 깔끔하게 처리되니 나머지 일들도 자연스레 이어집니다.

"또 말론의 아내 모압 여인 룻을 사서 나의 아내로 맞이하고 그 죽은 자의 기업을 그의 이름으로 세워 그의 이름이 그의 형제 중과 그 곳 성문에서 끊어지지 아니하게 함에 너희가 오늘 증인이 되었느니라 하니"(룻 4:10).

법적인 절차를 마무리한 보아스는 이제 모든 사람 앞에서 공개적으로 룻과 결혼하겠다고 발표합니다. 그리고 자기와 룻 사이에서 낳은 자식을 엘리멜렉 가문에 입적시켜서 엘리멜렉 가문의 대가 끊어지지 않게 하겠다고 선포하는 것입니다.

이 부분에서 보아스의 분명한 결단과 선포가 아주 중요하다는 생각을 합니다.

보아스가 장로들을 증인으로 삼은 것은 단지 자신이 아무개에게서 룻을 위한 가알의 권한을 얻게 된 것을 증명하는 일일 뿐만 아니라 또한 이제는 자신이 룻에 대한 책임이 있음을 인정하는 중요한 선포인 것입니다.

지금 보아스는 어려운 문제를 떠안았습니다. 타국으로 떠났다가 실패하고 돌아온 나오미와 룻을 떠안는 것입니다. 부담스럽습니다. 지금은 애틋한 마음이 들었든, 사랑하는 마음이 들었든 책임을 지겠다는 마음인데 시간이 지나면 흔들릴 수 있습니다. 그런데 이렇게 분명하게 선언함으로 보아스는 자신의 책임과 의무를 스스로 강하게 하는 것입니다. 즉 거룩한 부담을 갖는 것입니다.

이것이 중요합니다. 좋은 때는 나서서 자기에게 권한이 있음을 자랑하나 어려우면 슬그머니 뒤로 빠져서 숨을 수가 있습니다. 그런데 많은 증인 앞에서 선언합니다. 자신이 책임자라고 선언합니다.

우리가 세상에서 믿음을 지키는 방법의 하나는 자기 선언입니다. 내가 목사라고 선언하는 것입니다. 장로라고 선언하는 것입니다. 집사라고, 권사라고, 성도라고 선언하는 것입니다.

그러면 내가 무엇을 해야 할지 알게 됩니다. 또한, 무엇을 하며 살아야 할지 알게 해줍니다. 나를 분명하게 선언하면 오히려 자유롭습니다.

제가 처음 교육 전도사로 섬겼던 교회의 존경하는 담임 목사님이 계십니다. 목사님은 장로님들의 직장에 전화를 하시면 꼭 아무개 장로를 바꿔 달라고 말씀하신다고 하십니다. 직장의 직함도 있을 텐데 꼭 장로라고 부르십니다. 이유는 그래야 직장에서도 장로로서 행동에 책임을 지고 살아갈 수 있다는 말씀이셨습니다. 많은 것을 느끼게 해주신 가르침입니다.

처음에 나를 누구라고 선언하는 것이 부담스러울 수 있지만, 그것이 나를 지키고 내가 가야 할 길을 가게 하는 이유와 힘이 되는 것입니다. 보아스는 그런 면에서 분명하게 룻을 사랑하고, 룻을 선택했으며, 룻을 책임져야 한다는 것을 선언하는 것입니다.

나오미가 "그 사람이 오늘날 이 일을 성취하기 전에는 쉬지 아니 하리라"(룻 3:18)라고 말했던 대로 보아스는 나오미의 기대를 저버리지 않았습니다. 또 보아스도 룻에게 원하는 것을 다 해주겠다고 했는데 그 약속을 지킬 수 있게 되었습니다.

"성문에 있는 모든 백성과 장로들이 이르되 우리가 증인이 되나니 여호와께서 네 집에 들어가는 여인으로 이스라엘의 집을 세운 라헬과 레아 두 사람과 같게 하시고 네가 에브랏에서 유력하고 베들레헴에서 유명하게 하시기를 원하며"(룻4:11).

모든 백성과 장로들이 증인이 되기를 선언합니다. 그리고 보아스를 축복합니다. 보아스를 향한 축복 기도의 내용을 살펴보면 축복이 세 가지 모습으로 나타나고 있는 것을 볼 수 있습니다.

첫 번째 축복은 보아스의 아내 룻에 대한 축복입니다.
룻이 라헬과 레아 두 사람과 같게 해 달라고 했습니다. 라헬과 레아는 야곱의 아내들로서 그들의 자식으로부터 이스라엘 민족의 족보가 이어져 내려왔습니다. 그런데 레아가 언니이고 라헬은 동생인데 순서가 바뀌었습니다. 여기에는 이 지역 사람들이 라헬을 특별히 생각하는 이유가 있습니다.

"라헬이 죽으매 에브랏 곧 베들레헴 길에 장사되었고 야곱이 라헬의 묘에 비를 세웠더니 지금까지 라헬의 묘비라 일컫더라"(창 35:19~20).

라헬의 무덤이 베들레헴 에브랏에 있다는 것입니다. 성지순례하면 가볼 수 있는데 지금도 베들레헴 근처에 그 무덤이 있습니다. 이와 마찬가지로 룻도 유명한 인물의 조상이 되게 해 달라는 것입니다.

두 번째 축복은 룻의 남편 보아스에 대한 축복입니다.

사람들은 보아스가 에브랏에서 유력하고, 베들레헴에서 유명하게 해달라고 했습니다. 보아스가 룻과의 결혼을 통해 더욱 부유하게 되고, 많은 자손과 힘과 명예를 얻게 해 달라는 것입니다. 에브랏 동네를 뛰어넘어 베들레헴까지 유명해지는 지도자가 되라는 축복입니다. 지금으로 말하면 한국을 빛내고 더 나아가 세계적으로 뛰어난 지도자가 되라는 축복입니다.

세 번째 축복은 가족에 대한 축복입니다.
사람들은 보아스의 집이 베레스의 집과 같이 되게 해달라고 했습니다. 이 축복은 유다의 쌍둥이 아들 중 베레스가 유력하게 되었던 것처럼 유력하게 해 달라는 것이고, 보아스의 조상인 베레스와 같이 보아스도 유명한 후손들을 얻게 해달라는 것입니다. 백성과 장로들의 축복은 그대로 성취되었습니다. 그들의 보아스와 룻의 가정은 다윗 왕의 집안이 되고 더 나아가 예수 그리스도의 족보에 들어서게 된 것입니다.

보아스는 약속을 지키기 위해서 최선을 다했습니다. 모든 절차를 합법적으로 깔끔하게 마무리 지었습니다. 어려운 조건이었지만 사랑을 가지고 최선을 다한 보아스는 룻과 결혼할 수 있게 되었습니다.
보아스는 자신에게 큰 어려움이 올 수도 있음을 알면서도 자신에게 도움을 구하러 온 사람들을 외면하지 않고 모든 문제를 풀어가며 돌보았습니다. 결국, 보아스는 자신을 희생함으로써

한 가정을 구원하고 회복시켰습니다. 더 나아가 장차 이스라엘의 가장 위대한 왕 다윗의 조상이 되는 복을 받게 된 것입니다.

보아스의 희생은 예수 그리스도께서 우리를 구속하심을 예표하는 것입니다. 보아스가 룻을 사서 아내로 삼은 것은 곧 그리스도께서 우리를 그의 피로 사서 아내로 삼은 것을 예표하는 것입니다. 그래서 우리를 하나님의 자녀로 회복시키시고 하늘 기업을 얻도록 하신 것입니다. 이 모든 것은 예수 그리스도의 크신 은혜로 말미암아 가능하게 된 것입니다.

룻의 가정을 돌보시는 하나님의 손길을 의지하며 우리도 믿음으로 이 어려운 때를 잘 이겨내고 회복의 은혜를 누릴 수 있기를 소망합니다.

회복의 은혜

룻기 강해
회복의 은혜

하나님이 우리를 고통 중에 두시는 것은
우리로 온전하게, 순금과 같게 하시려는 것입니다.
이것을 본 바울은 감옥에 갇힌
고난 가운데서도 기뻐합니다.
이 일로 복음을 증거 할 수 있었기 때문입니다.

회복의
은혜

이에 보아스가 룻을 맞이하여 아내로 삼고 그에게 들어갔더니 여호와께서 그에게 임신하게 하시므로 그가 아들을 낳은지라 여인들이 나오미에게 이르되 찬송할지로다 여호와께서 오늘 네게 기업 무를 자가 없게 하지 아니하셨도다 이 아이의 이름이 이스라엘 중에 유명하게 되기를 원하노라 이는 네 생명의 회복자이며 네 노년의 봉양자라 곧 너를 사랑하며 일곱 아들보다 귀한 네 며느리가 낳은 자로다 하니라 나오미가 아기를 받아 품에 품고 그의 양육자가 되니 그의 이웃 여인들이 그에게 이름을 지어 주되 나오미에게 아들이 태어났다 하여 그의 이름을 오벳이라 하였는데 그는 다윗의 아버지인 이새의 아버지였더라 베레스의 계보는 이러하니라 베레스는 헤스론을 낳고 헤스

론은 람을 낳았고 람은 암미나답을 낳았고 암미나답은 나손을 낳았고 나손은 살몬을 낳았고 살몬은 보아스를 낳았고 보아스는 오벳을 낳았고 오벳은 이새를 낳고 이새는 다윗을 낳았더라 (룻 4:13-22)

    코로나19로 인해 참 힘들고 어려운 상황이 계속되고 있습니다. 소상공인과 자영업자들의 어려움이 이미 그 한계를 넘어선 것 같습니다. 성도님들이 힘들다고 하시면서도 모두가 다 힘드니 어디 가서 하소연하기도 민망하다는 말씀에 마음이 더 아픕니다. 속히 이 상황이 그치고 일상이 회복되기를 기도합니다.

    룻기는 당시 유대인들에게는 있을 수 없는 일들로 시작합니다. 유대인이 잘살아보겠다고 하나님이 약속하신 땅을 떠나서 이방 땅으로 갑니다. 그리고 그곳에서 아들들이 이방 여인과 결혼합니다. 그리고 그 이방 여인은 다시 유대인들 속에 들어와 유대 지도자와 결혼을 하고 아이를 낳아 그들이 자랑하는 다윗 왕의 조상이 되며 더 나아가 예수님의 족보에까지 이름을 올리게 됩니다.

이것은 하나님의 역사는, 하나님의 사랑은 제한이 없음을 말해줍니다. 너무도 힘들고 어려운 것은 우리가 가진 우리의 한계가 분명함에도 그 틀을 벗기가 어렵기 때문입니다. 하지만 하나님은 우리가 가진 모든 틀을 다 부수시고 하나님의 역사를 만들어 가십니다. 그러므로 하나님의 능력을 바라볼 수 있기를 소망합니다.

"이에 보아스가 룻을 맞이하여 아내로 삼고 그에게 들어갔더니 여호와께서 그에게 임신하게 하시므로 그가 아들을 낳은지라"(룻 4:13).

우리가 상처를 받게 되는 일은 주로 무엇을 잃어버릴 때입니다. 작게는 손에 든 핸드폰을 잃어버림으로 상처를 받습니다. 더 나아가 직장을 잃어버리고, 경제적 손실을 보고, 심지어 사랑하는 사람을 잃어버림으로 상처를 받습니다. 소중하게 여기던 것을 잃어버릴 때 아픔을 겪습니다.

실패는 잃어버림의 다른 말입니다. 어느 순간 돌아보니 나이 먹었다는 것이 느껴지고 청춘을 잃어버린 것 같아 슬픈 것입니다. 더 이상 희망이 없다고 느껴질 때 우리는 상처를 받습니다.

나오미는 상처가 참 많은 사람입니다. 살아보겠다고 모압으로 갔지만, 남편을 잃고, 자식을 잃고 결국은 모든 것을 다 잃었습니다. 하지만 나오미는 남아있던 작은 믿음을 발견하고 고향으로 돌아옴으로 모든 것이 뒤바뀝니다. 하나님이 자기 백성들을 돌보신다는 소식 하나에 며느리 룻과 함께 자기 삶의 방향을 돌이키고 고향으로 돌아옵니다.

이제 이 가정에 어떤 일이 있어야 이 슬픔을 극복하고 살아갈 수 있을까요?

하나님은 이 가정에 은총을 베푸심으로 룻에게 보아스라는 새로운 사람을 만나게 하십니다. 여러 난관이 있었지만 룻과 보아스는 그 모든 문제를 뚫고 부부로 만나게 됩니다. 이것만으로도 나오미에게는 큰 위로였습니다. 다 잃어버린 나이든 여인과 이방에서 시집온 모압 여인 둘이서 살다가 힘 있는, 즉 유력한 사람이 들어 왔으니 얼마나 든든하겠습니까? 든든함 그 자체입니다.

그런데 여기에 더 큰 하나님의 위로가 함께 했습니다.

바로 보아스와 룻에게 새 생명을 주신 것입니다. 새로운 생명을 주셨다는 것은 새로운 역사를 일으키신다는 말입니다. 그 어떤 것보다도 비교할 수 없는 하나님의 축복입니다.

예전에는 새 생명이 얼마나 소중한 줄 몰랐습니다. 심지어 아이를 많이 낳는 것이 미개해 보이는 여러 구호가 있었습니다. 저도 자녀가 둘인데 그것도 적은 것이 아니었습니다.

이미 세상을 오래 살았던 어른들이 남겨 준 말씀 중에 "그래도 제 먹을 것은 가지고 태어난다"라는 말이 있습니다. 생각해 보면 우리가 수치로 계산할 수 없는 놀라운 축복이 생명 속에는 담겨 있음을 아신 것입니다. 지금에서야 새 생명의 소중함을 알기에 신생아가 태어나면 나라에서, 지자체에서 수백만 원 이상의 출생 축하금을 주기도 합니다. 생명은 신비입니다.

"보라 자식들은 여호와의 기업이요 태의 열매는 그의 상급이로다"(시 127:3).

이제 하나님께서 나오미의 가정에 새 생명을 주십니다. 새로운 생명을 주셨다는 것은 잃어버린 것을 채워 주셨다는 말입니다. 욥을 회복시키실 때 잃어버린 모든 생명만큼 두 배로 주신 것을 우리는 알 수 있습니다.

"욥이 그의 친구들을 위하여 기도할 때 여호와께서 욥의 곤경을 돌이키시고 여호와께서 욥에게 이전 모든 소유보다 갑절이나 주신지라"(욥 42:10).

욥의 고통과 슬픔의 눈물을 보시고 다 씻어 주셨다는 말씀입니다. 룻에게 새 생명을 주심으로 그들이 가장 바라는 것을 주셨다는 말씀입니다. 이것은 바랄 수 없는 중에 주실 수 있는 분이 하나님이심을 말씀하는 사건이요, 그 어떤 슬픔 많은 인생도 하나님의 품 안에서는 새로운 기쁨과 소망을 얻을 수 있다는 것입니다.

새 생명이 탄생함으로 온 동네 사람들이 달려옵니다.

"여인들이 나오미에게 이르되 찬송할지로다 여호와께서 오늘 네게 기업 무를 자가 없게 하지 아니하셨도다 이 아이의 이름이 이스라엘 중에 유명하게 되기를 원하노라"(룻 4:14).

사람들은 나오미의 가정에 주시는 축복을 향해 이렇게 표현합니다.

"네게 기업 무를 자가 없게 하지 아니하셨다." 그냥 주셨다고 하면 되는 것을 그렇게 표현합니다. 즉 없을 줄 알았다는 것입니다. 이 말의 원어적 의미를 보면 창조가 끝나고 하나님이 안식에 들어가실 때 쓴 단어입니다. 새로운 역사는 끝났다는 말입니다.

그런데 룻을 보니 끝나지 않았다는 말입니다. 이것은 마치 예수님의 부활의 사건을 보게 합니다. 십자가에 달려 죽은 지 사흘이 지났습니다. 그런데 다시 살아나신 것입니다. 이것이 전능하신 하나님이 하시는 일입니다.

하나님의 회복의 은혜와 방법은 우리로서는 감히 측량할 수가 없습니다. 그 사랑으로 예수님은 나오미와 룻과 같은 사람을 위해 이 땅에 오셨습니다. 열심히 살고자 하는데 일이 잘 안 되는 사람들, 일이 잘 안되고 가진 것은 모두 잃어서 옆으로 밀려난 사람들, 잊힌 사람들, 이방 여인인 룻처럼 별로 자격을 갖추지 못한 사람들, 하지만 그래도 믿음으로 열심히 살아보려는 사람들에게 오셔서 도우시고 회복시키시는 주님을 말씀합니다. 우리가 주님을 바라보고 의지한다면 분명 하나님의 역사는 끝나지 않은 것입니다.

물론 온 동네 사람들이 보아스와 룻의 결혼을 축복했을 것입니다. 그런데 성경은 여인들, 즉 그 동네의 여인들이 기쁨을 가지고 축하하는 모습을 별도로 기록합니다.

여인들은 새 생명을 주신 하나님을 찬송합니다. 그리고 그 가정에 주신 새 생명을 축복합니다.
보아스와 결혼해서 부자가 되어, 넓은 집에 부족함 없는 살림을 살게 된 것을 축복하는 것이 아닙니다. 사회적 지위, 즉 사모님 소리를 듣게 된 것을 축복하는 것도 아닙니다. 이제 그 가정에 생명을 주심을 하나님께 찬양으로 영광 돌리며 축복하는 것입니다.

 이제 여인들은 나오미의 가정에 주신 아이를 축복합니다. 이 아이가 이스라엘 중에 유명해지기를 축복합니다. 그리고 이 아이가 주는 의미를 알았습니다. 그래서 이렇게 말합니다.

 "이는 네 생명의 회복자이며 네 노년의 봉양자라 곧 너를 사랑하며 일곱 아들보다 귀한 네 며느리가 낳은 자로다 하니라"(룻 4:15).

 회복자라는 것입니다. 다 잃고 빈손이 된 나오미의 가정, 소망이 없는 죽음 같은 그 가정이 회복될 수 있는 최고의 축복은 새 생명이란 것입니다. 그래서 사람들은 이 아이를 일컬어 회복자라는 것입니다.

 그렇습니다. 죽음을 이겨 낼 수 있는 것은 생명밖에 없습니다. 제자들이 주님의 죽으심을 보고 깊은 시름에 빠져있을 때 주님은 직접 오셔서 다시 살아나셨음을 보여 주셨습니다.

그러므로 부활하신 새 생명의 예수님을 보았으니 슬픔에서 벗어나고 두려움을 떨쳐 버리고 실패의 아픔을 이겨내고 평안하라는 것입니다. 부활의 새 생명이 되시는 예수님이 우리와 함께하시기 때문입니다.

확실히 룻에게 임한 하나님의 은총을 바라보는 사람들의 생각이 바뀌었습니다. 이제는 룻에 대한 칭찬과 축복으로 이어집니다.

사람들은 나오미에게 룻에 대해 칭찬합니다.

"너를 사랑하며 일곱 아들보다 귀한 네 며느리."

룻은 일곱 아들보다 귀한 며느리라는 말입니다. 우리는 열을 최고로 봅니다. 그래서 잘 키운 딸 하나 열 아들 안 부럽다고 합니다. 일곱은 유대 사회에서는 최고의 숫자입니다. 그런데 그 며느리가 누구인가요? 바로 모압 여인 룻입니다. 이방 여인입니다. 그런데 유대인들이 이 여인을 칭찬합니다. 축복합니다.

사람들의 시선마저 바꾼 것입니다. 룻이 이방 여인으로 태어난 것은 하나님의 역사에 쓰임 받기에 전혀 문제가 되질 않습니다. 진짜 문제는 하나님을 바라보지 않는 것입니다. 하나님을 바라볼 수만 있다면 괜찮습니다.

어떤 사람들은 룻이 나오미를 따라온 것이 돌아갈 친정이 없어서라고 이야기할 수도 있습니다. 괜찮습니다. 그 어떤 부족한 모습이라도 괜찮습니다. 왜냐하면, 하나님은 우리가 어떤 모습이더라도 주님의 품을 찾아 들어오면 다 품어 주시기 때문입니다.

아브라함도 무명이었습니다. 모세도 부족한 사람이었습니다.

한 선배 목사님이 설교 초청을 하셔서 제가 부족하다고 말씀드렸더니 그럼 부족하지 않은 사람이 있으면 알려달라고 하셨습니다. 나라를 구한 기드온도 평범한 사람입니다. 그런데 하나님께서 높이신 것입니다.

회복의 은혜

우리는 보이지도 않는 틀에 가두고, 갇힐 때가 많습니다. 사람을 볼 때도 틀에 가두고 봅니다. 이방인이라고, 가진 것이 없는 사람이라고, 혼자 사는 사람이라고, 중심인물이 아니라 이제는 주변으로 밀려난 사람이라고 틀을 가지고 평가합니다.

또한, 자기 자신에 대해서도 자기의 틀을 가지고 때로는 교만함으로, 때로는 좌절감으로 살아갑니다. 하지만 하나님은 룻에게 명성을 주신 것입니다.

하나님이 주시는 명성은 사람에게서 얻는 명성과는 다른 것입니다. 사울은 자신의 이름을 높이려고 스스로 기념비를 세웁니다. 하나님은 그를 왕으로 세운 것을 후회하십니다. 하지만 오직 하나님의 뜻을 구하려고 했던 다윗은 하나님이 높이셨습니다. 하나님께서 룻의 아이를 높이시자, 그는 다윗의 조상으로, 또한 메시야의 가문으로 역사에서 지울 수 없는 이름이 된 것입니다.

"그의 이웃 여인들이 그에게 이름을 지어 주되 나오미에게 아들이 태어났다 하여 그의 이름을 오벳이라 하였는데 그는 다윗의 아버지인 이새의 아버지였더라"(룻 4:17).

룻에게서 태어난 새 생명에게 동네 여인들이 유명해지기를 축복하며 이름을 지어 주는데 그 이름이 '오벳'입니다. '하나님의 종'이라는 의미입니다. 즉 하나님 앞에 귀하게 쓰임 받으라는 의미입니다. 오벳이 이새를 낳고 이새는 다윗을 낳습니다. 오벳은 다윗의 할아버지로 유명해진 것입니다. 그리고 예수님의 계보에 들어가는 위대한 역사에 쓰임 받은 것입니다.

"오벳은 이새를 낳고 이새는 다윗을 낳았더라"(룻 4:22).

이처럼 놀라운 역사가 펼쳐지기까지는 오랜 고통의 시간이 있었습니다. 말로 다 하기 어려운 고통의 세월입니다. 하지만 하나님은 고통으로 인해 하나님을 바라보게 하셨습니다. 나오미는 고통을 겪으며 그 속에서 다시 발견한 하나님을 바라보며 하나님의 은혜가 필요하다는 것을 뼈저리게 느꼈습니다.
그래서 죽더라도 하나님의 약속의 땅에서 죽으리라는 마음

회복의 은혜 | 153

으로 온 것입니다. 룻도 어머니의 그 믿음을 보고 하나님을 자신의 하나님으로 받아들이고 함께 온 것입니다.

우리는 하나님을 바라보게 하는 값으로 고통이 너무 가혹하게 비싸다고 느껴질 수도 있습니다. 그것은 당장 눈앞에 닥친 재난을 보며 하나님의 은혜를 바라보지 못했기 때문에 그들이 하나님을 바라보기까지 고통을 주신 것입니다.

그런데도 여전히 우리가 겪는 고통이 너무 커 보이는 것은 하나님을 발견했을 때, 또한 하나님의 품 안에 들어올 때 주시는 그 큰 은혜와 예비하신 축복이 얼마나 소중하고 위대한지 알지 못하기 때문입니다.

때로 우리는 소중한 것은 고통을 통해야만 배우게 됩니다. 잃어버려야 알게 되고 시련을 겪어야 배우게 되는 것입니다. 마치 요나가 물고기 뱃속에서 깨닫는 것과 같은 이치입니다.

그래서 하나님의 큰 그림을 바라보아야 합니다. 믿음은 그 그림을 보는 것입니다. 큰 그림은 멀리서 보는 것입니다. 부분도 중요하지만 크게 보고 나아가는 것입니다.

그래서 믿음은 금 같아서 당장 불 시련을 두려워하지 않습니다. 금은 오히려 불 시험을 당연한 것으로 생각합니다. 왜냐하면, 그래야 순금으로 걸러지기 때문입니다.

하나님이 우리를 고통 중에 두시는 것은 우리로 온전하게, 순금과 같게 하시려는 것입니다. 이것을 본 바울은 감옥에 갇힌 고난 가운데서도 기뻐합니다. 이 일로 복음을 증거 할 수 있었기 때문입니다.

하나님은 예수님의 십자가의 큰 그림을 그리셨습니다. 사람들은 예수님의 죽음을 바라보며 예수님께서 결국 세상의 힘 앞에 지셨다고 말합니다. 그래서 살인자만도 못하게 취급을 하고 십자가에 못 박으라고 외면하고 버렸습니다. 하지만 하나님은 십자가의 죽음을 통해 부활의 예수님으로 세우시고 인류 구원의 문을 여신 것입니다.

사람들은 보고도 믿지 못했지만 우리는 믿음으로 하나님께서 우리를 구원하시는 사랑을 보는 것입니다. 믿으면 보입니다.

이제 나오미와 룻을 통해 하나님께서 모든 것을 회복시키시고 큰 역사를 만들어 가심을 보았습니다. 우리에게 필요한 것은 하나님의 계획을 바라보고자 하는 믿음입니다. 믿음으로 바라보면 하나님의 사랑이 보일 것입니다. 하나님의 손길을 느낄 것입니다.

한 걸음만 더 믿음으로 나아갑시다. 나오미와 룻을 통한 하나님의 회복의 은혜가 이 어려운 고난의 때를 지나가는 여러분과 자녀들에게도 함께 하실 것입니다.

주님의 은혜가 함께 하시길 축복합니다.

초판 1쇄   2021년 06월 14일
지 은 이 _ 임광상
펴 낸 이 _ 김현태
디 자 인 _ 장창호
펴 낸 곳 _ 따스한 이야기
등   록 _ No. 305-2011-000035
전   화 _ 070-8699-8765
팩   스 _ 02- 6020-8765
이 메 일 _ jhyuntae512@hanmail.net

따스한 이야기 페이스북, 인스타그램
https://www.facebook.com/touchingstorypublisher
https://www.instagram.com/touchingstorypublisher

따스한 이야기는 출판을 원하는 분들의 좋은 원고를
기다리고 있습니다.

가격 12,000원